まちごとチャイナ

Shandong 008 Taishan
泰山
天地交わる「至高の聖山」

Asia City Guide Production

【白地図】山東省と泰山

CHINA
山東省

山東省と泰山

Taishan　白地図

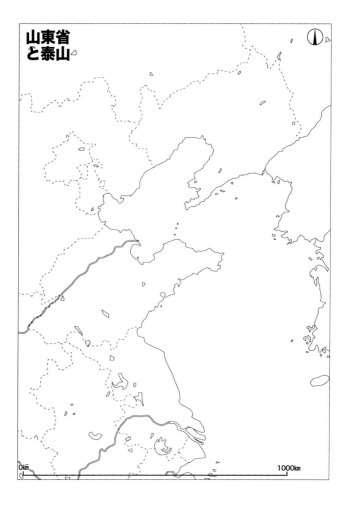

【白地図】泰山と泰安

CHINA
山東省

泰山と泰安

Taishan 白地図

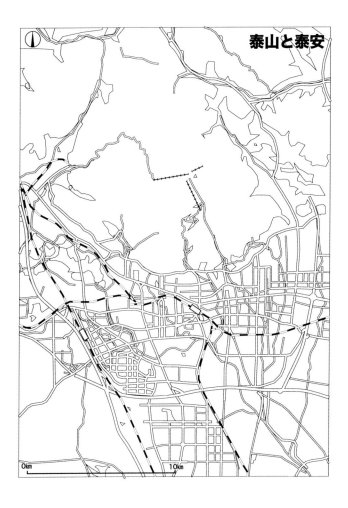

【白地図】泰安

CHINA
山東省

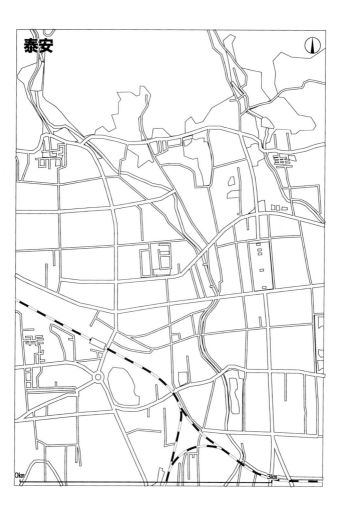

【白地図】泰安旧城

CHINA
山東省

泰安旧城

Taishan　白地図

【白地図】岱廟

CHINA
山東省

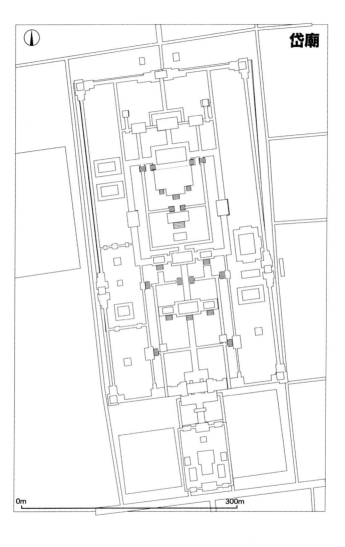

岱廟

Taishan 白地図

【白地図】泰山

CHINA
山東省

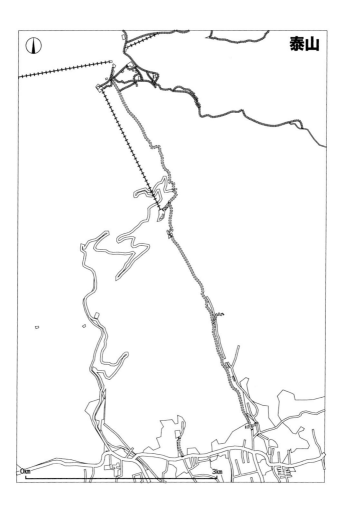

泰山

Taishan 白地図

【白地図】岱宗坊〜一天門

CHINA
山東省

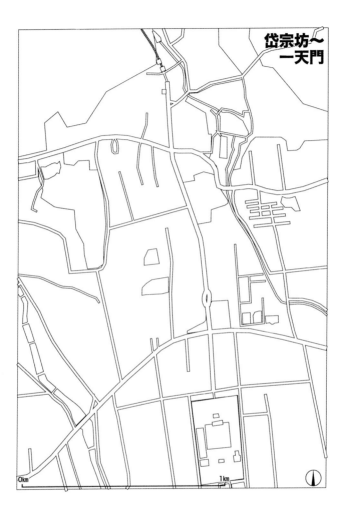

【白地図】紅門宮〜中天門

CHINA
山東省

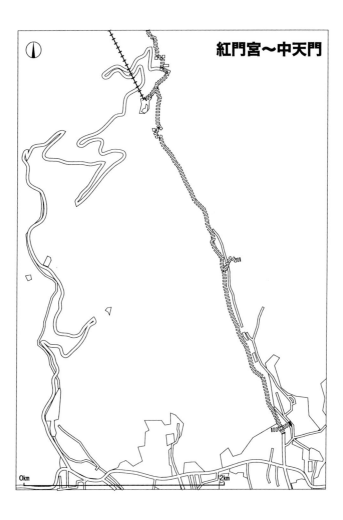

【白地図】天外村

CHINA
山東省

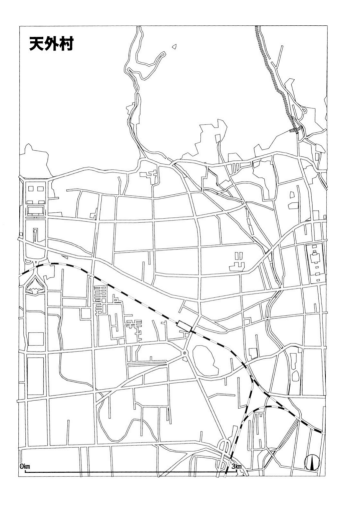

【白地図】西路

CHINA
山東省

西路

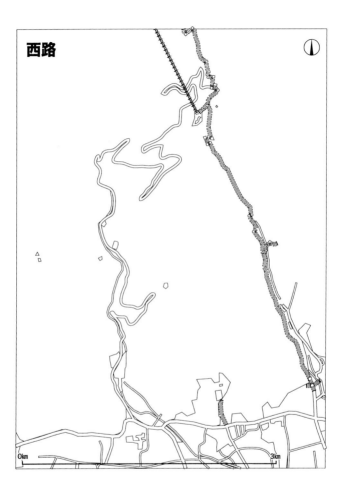

【白地図】中天門～南天門

CHINA
山東省

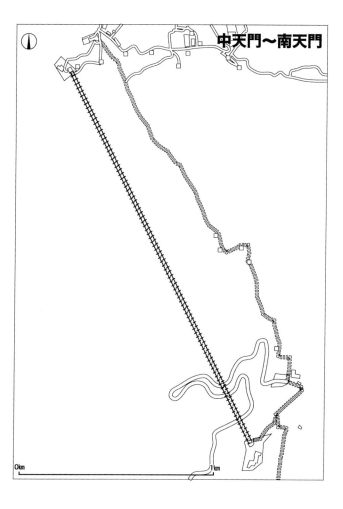

中天門～南天門

Taishan 白地図

【白地図】岱頂

CHINA
山東省

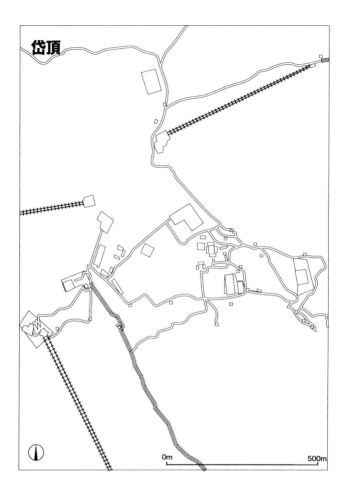

【白地図】玉皇頂

CHINA
山東省

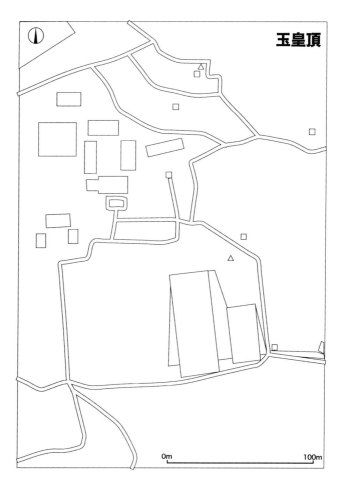

【白地図】日観峰

CHINA
山東省

日観峰

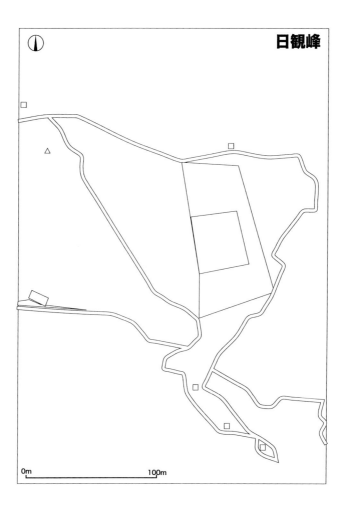

Taishan 白地図

【白地図】泰山奥区

CHINA
山東省

【白地図】泰山郊外

CHINA
山東省

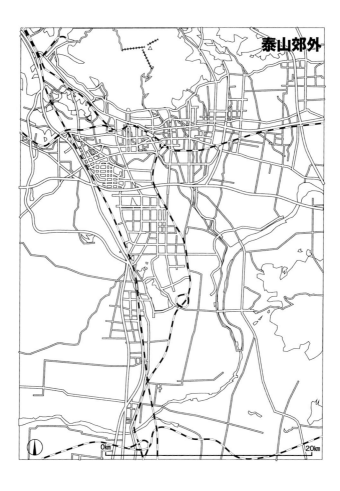

泰山郊外

Taishan 白地図

【白地図】泰安市郊外

CHINA
山東省

泰安市郊外

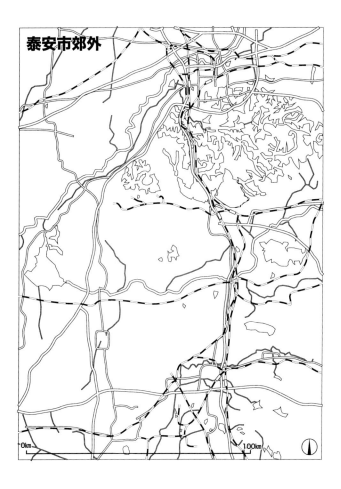

Taishan 白地図

【まちごとチャイナ】
001 はじめての山東省
002 はじめての青島
003 青島市街
004 青島郊外と開発区
005 煙台
006 臨淄
007 済南
008 泰山
009 曲阜

CHINA
山東省

山東省中央西部にそびえる泰山は、中国屈指の名山と知られ、五岳の筆頭にあげられる。標高1545mでありながら、平原のなかで泰山だけが屹立し、黄河の流れは泰山をさけるように、北(もしくは南)に流れる。こうした性格からも、泰山は黄河文明の象徴的存在と見られてきた。

司馬遷『史記』には、古代中国の帝王が泰山に登り、その統治の正統性を天に報告する封禅の儀について記されている。なかでも紀元前219年、史上はじめて中国全土を統一した始皇帝が封禅を行ない、以後、泰山での儀式は国家祭祀と結び

Taishan
泰山
泰山 Tài shān タアイシャン

つけられるようになった(五岳のうち東岳であることから、泰山の神さまをまつる東岳廟が中国各地に建てられた)。

　国家祭祀に加え、明清時代には泰山の神さまの娘にあたる碧霞元君(子授けの女神)への信仰も高まり、多くの巡礼者を集めるようになった。この泰山巡礼の門前町となっているのが南麓の泰安で、泰山の神さまをまつる岱廟(下廟)が位置する。岱廟北門から岱宗坊、紅門宮をへて山頂へ続く、6366段の急な石段を登っていく巡礼者の姿は、千年以上変わらず続いている。

【まちごとチャイナ】

山東省 008 泰山

目次

泰山	xxxvi
黄河文明の象徴的存在	xlii
泰安城市案内	liii
泰安旧城城市案内	lxiii
岱廟鑑賞案内	lxxvi
中国屈指の名山に登る	ci
岱宗坊〜一天門鑑賞案内	cxii
紅門宮〜中天門鑑賞案内	cxxiv
天外村城市案内	cxxxv
西路鑑賞案内	cxlix
中天門〜南天門鑑賞案内	clix
岱頂鑑賞案内	clxix
泰山北麓鑑賞案内	cxciv
泰山郊外城市案内	cciii
泰安市郊外城市案内	ccxii
泰山こぼればなし	ccxvii

【MEMO】

【地図】山東省と泰山

CHINA
山東省

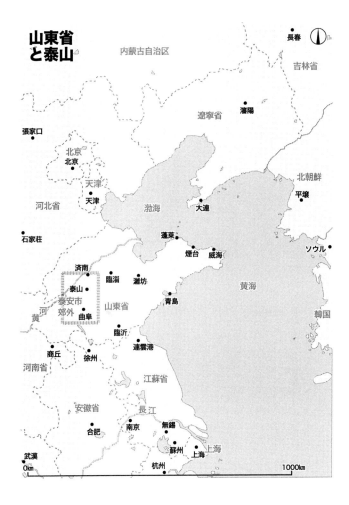

中国文明を象徴する峰

CHINA
山東省

泰山は1987年に世界複合遺産に登録された
文化と自然の両方の価値が注目され
道教、儒教、仏教の3つの宗教が混淆する

山岳信仰と泰山

平地に暮らす人たちにとって、天に向かって伸びる山には神性があり、そこに神々や祖霊が棲むという考えは古くから世界中で見られた。ゼウスの棲むという古代ギリシャのオリンポス、インドのヒマラヤ、チベットのカイラス、モーゼのシナイ山、メッカのアラファト山、日本の富士山、西王母の棲む中国の崑崙山、そして山東省の泰山がそれにあたる。古代中国では山は、「天と地をつなぐ存在」「天を支える柱」と考えられ、畏敬の対象となり、とくに道教のあいだで山は神聖視された。泰山での祭祀は春秋戦国時代に斉魯（山東省）で

Taishan　黄河文明の象徴的存在

信仰されていたものが、秦の始皇帝が中国全土を統一したことで国家儀礼となった。泰山は、古くは「岱山」や「大山」「太山」と呼ばれていたが、春秋時代に「泰山」という呼びかたが定着した。またそのほかにも「岱宗」「岱岳」「東岳」などさまざまな名前で呼ばれている。

五岳のなかの東岳

中国各地にあった聖なる山々（山岳信仰）は、紀元前221年の始皇帝による中華統一以後、五行説をもとにした五岳信仰へと体系づけられた。五行説では「月・火・水・木・金」の

CHINA
山東省

5つの要素で世界は構成され、東岳泰山（山東省）、南岳衡山（湖南省）、西岳華山（陝西省）、北岳恒山（山西省）、中岳嵩山（河南省）を五岳とした（紀元前1世紀ごろに確定した）。泰山の標高1545mは、五岳のなかでは3番目の高さだが、太陽の昇る東方（東岳）は、あらゆるものが誕生し、発生や生命を司る性格をもつため、五岳のうち最高の格づけとされる（「天下第一山」「五岳独尊」）。また五岳の長であるから、「岱宗」とも呼ばれる。「岱」という漢字は「代（音）」と「山（意味）」からなり、泰山そのものを指すほか、「大きいさま」「かかわりあうこと」「物事のはじめ」を意味する。

▲左　泰山の山頂へと続く6366段の階段、距離は8938m。　▲右　山麓の街泰安の岱廟から、巡礼ははじまる

泰山の神さま

もっとも古い泰山の信仰は、斉や燕の方士によって唱えられた神仙説で、多くの方士が仙薬を求めて入山した。泰山の神さまは、五岳の筆頭の東岳大帝で、歴代皇帝が行なう封禅（国家祭祀）によってその地位を高めていった。一方、後漢（25～220年）のころには死後の魂魄（たましい）は泰山に帰すると信じられ、泰山のもうひとつ神格（泰山府君）は生死を司ると考えられた（仏教が中国に持ち込んだ地獄や刑罰の観念と、泰山は重ねて見られるようになった）。道教の広がりとともに、東岳大帝をまつる東岳廟が中国各地で建てられ、

CHINA
山東省

都市の東門近くで泰山の神さまが信仰された。また宋の真宗（在位997〜1022年）の時代に、泰山山頂に諸神をたばねる玉皇がまつられ、諸官を統べる皇帝と同一視された。この時代、泰山府君の娘である碧霞元君の寺廟も整備され、明清時代になると「泰山娘娘（碧霞元君）」として泰山府君（東岳大帝）を上まわる人気を誇った。明末には泰山への巡礼客は年間80万人を超え、多い日には1万人から2万人が泰山に登ったという。

【MEMO】

CHINA
山東省

泰山の構成

封禅の儀が行なわれた標高 1545m の玉皇頂が泰山の最高頂で、その南麓には泰山の門前町の泰安が位置する。この泰安旧城に泰山の神さまをまつる岱廟があり、「山上の泰山、天の玉皇廟（上廟）」と、「山麓の泰安、地の岱廟（下廟）」というように、天地そのものが具現された世界観をもつ。山麓泰安の岱廟から北に向かって巡礼路が続き、岱宗坊を過ぎると、泰山の入口の一天門、紅門宮から天に向かって石階段が伸びていく。そこから中天門、そして南天門にいたって岱頂（玉皇頂のある天界）へたどり着く。これが山頂から流れて

Taishan 黄河文明の象徴的存在

山麓の虎山水庫にいたる中渓をさかのぼる「中路」で、同様に泰山の中央西側を流れて龍淵水庫にいたる西渓をさかのぼる「西路」がある。これら巡礼路（登山路）の各所に道観や景勝地があり、「西路」では途中の中天門までバスが出ていて、中天門から南天門までのロープウェイも整備されている。泰山に登ると、ところ変われば景色も変わり、標高によって植生も変わる（1000m以下ではクヌギルイ、コノテガシワが多い）。ここ泰山では、毎年9月に泰山国際登山節が行なわれる。

【地図】泰山と泰安

【地図】泰山と泰安の [★★★]
- ☐ 岱廟 岱庙 ダァイミィアオ
- ☐ 南天門 南天门 ナァンティエンメン
- ☐ 岱頂 岱顶 ダァイディン

【地図】泰山と泰安の [★★☆]
- ☐ 泰安 泰安 タァイアァン
- ☐ 中路旅游区 中路旅游区 チョンルウリュウヨウチュウ
- ☐ 紅門宮 红门宫 ホォンメンゴォン
- ☐ 中天門 中天门 チョンティエンメン

【地図】泰山と泰安の [★☆☆]
- ☐ 泰山駅 泰山站 タァイシャンヂァン
- ☐ 東岳大街 东岳大街 ドォンユエダアジエ
- ☐ 一天門 一天门 イイティエンメン
- ☐ 西路 西路 シイルウ
- ☐ 玉泉寺 玉泉寺 ユウチュゥアンスウ
- ☐ 漢明堂遺跡 汉明堂遗址 ハァンミィンタァンイイチイ

泰山と泰安

Taishan　黄河文明の象徴的存在

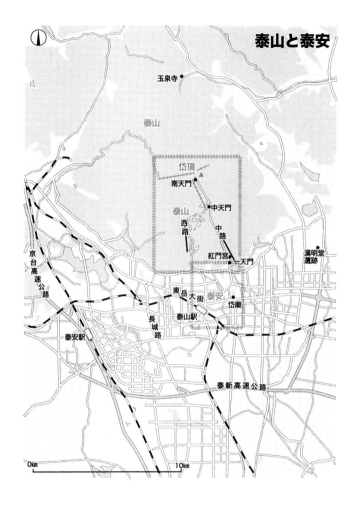

**Guide,
Tai An**

泰安
城市案内

CHINA
山東省

泰山南麓に位置する泰安
泰山に登る人たちが訪れる門前町で
神州、神府と呼ばれることもあった

泰安 泰安 tài ān タァイアァン ［★★☆］

「国泰民安（また泰山安則四海皆安）」を意味し、泰山に登る人たちが全国から集まる門前町の泰安。ここは春秋戦国時代の斉と魯が交わる地点で、秦の始皇帝や漢の武帝が訪れたときは、博県や博平県と呼ばれ、街は泰安南東13kmの牟汶河ほとりにあった（現在の旧県、古博城遺跡）。宋代の972年、現在の泰安の場所にあたる岱岳鎮に街は遷され、金代の1136年に泰安軍、1182年に泰安州となった。歴代王朝が泰山の神さまを信仰し、泰山への主要な登山路の南麓にあることから泰山信仰の中心地という性格を帯びた。泰安旧城のう

Taishan 泰安城市案内

ち岱廟が街の中心近くにあり、明清時代、旧暦正月から４月まで群衆が巡礼に押し寄せるという光景が見られた（そのための宿泊施設や公共施設も多かった）。近代に入って中国南北を結ぶ津浦鉄路が開通すると、人びとの往来が増え、市街は泰安旧城を越えて広がっていった。やがて泰安旧城の城壁も撤去され、現在は泰安旧城の西側の泰山駅の、さらに西側に高鉄の泰安駅が整備されている。

【地図】泰安

【地図】泰安の [★★★]
- [ ] 岱廟 岱庙ダァイミィアオ

【地図】泰安の [★★☆]
- [ ] 泰安 泰安タァイアァン
- [ ] 泰安旧城 泰安旧城タァイアァンジィウチャアン
- [ ] 中路旅游区 中路旅游区チョンルウリュウヨウチュウ
- [ ] 紅門宮 红门宫ホォンメンゴォン
- [ ] 馮玉祥墓 冯玉祥墓フェンユウシィアンムウ
- [ ] 普照寺 普照寺プウチャオスウ

【地図】泰安の [★☆☆]
- [ ] 泰山駅 泰山站タァイシャンヂァン
- [ ] 東岳大街 东岳大街ドォンユエダアジエ
- [ ] 霊応宮 灵应宫リィンィィンゴォン
- [ ] 温州歩行街 温州步行街ウェンチョウブウシィンジエ
- [ ] 蒿里山 蒿里山ハオリイシャン
- [ ] 奈河 奈河ナァイハア
- [ ] 天書観遺跡 天书观遗址ティエンシュウグゥアンイイチイ
- [ ] 泰城清真寺 泰城清真寺タァイチャアンチィンチェンスウ
- [ ] 岱宗坊 岱宗坊ダァイゾォンファン
- [ ] 一天門 一天门イイティエンメン
- [ ] 天地広場 天地广场ティエンデイグゥアンチャアン
- [ ] 革命烈士陵園 革命烈士陵园ガァミィンリエシイリィンユゥエン
- [ ] 西路 西路シイルウ

CHINA
山東省

CHINA
山東省

泰山駅 泰山站 tài shān zhàn タァイシャンヂァン [★☆☆]
天津から南京（長江北岸）を結ぶ津浦鉄道の駅として開業した泰山駅（泰安の鉄道駅）。1909年に建立された当時は、この鉄道駅の設置によってそれまで巡礼地の面が強かった泰安に、多くの物資が集まるようになった。泰安旧城から西門外側にある泰山駅方面へ市街地が拡大し、現在では泰山駅のさらに西7kmに高鉄の泰安駅が位置する。泰山駅のそばには、ドイツ風建築の津浦鉄道泰安旧駅が残る。

東岳大街 东岳大街 dōng yuè dà jiē ドォンユエダアジエ [★☆☆]
泰山駅と泰安旧城を結び、この街の大動脈となっている東岳大街(東岳とは泰山のこと)。東西に走る通り沿いには、泰山の神さまをまつる「岱廟」、大型ショッピングモールが立つ。

霊応宮 灵応宮 líng yīng gōng リィンイィンゴォン [★☆☆]
泰山では、明代から泰山府君の娘とされる碧霞元君への信仰が盛んになった(子授けの神さまとして、碧霞元君は泰山府君をしのぐ人気を集めた)。霊応宮は、泰山山頂の碧霞祠(上廟)に対する下廟にあたり、明の正徳年間(1506〜21年)

に泰安旧城の南西に建てられた。当時は天仙祠といい、1611年に現在の蒿里山の東の場所に遷された。泰山にある上、中、下廟のなかで最大の規模で、南北150m、東西40mほどになる。毎年、春節前に碧霞元君が下山してきて、ここ霊応宮（行宮）に滞在し、泰安で買いものをするという。

泰山温州商業歩行街 泰山温州商业步行街
tài shān wēn zhōu shāng yè bù xíng jiē
タァイシャンウェンチョウシャンイエブウシィンジエ [★☆☆]

泰山駅の南側にある商業街の泰山温州商業歩行街。さまざま

▲左　泰安市街に立つ泰山駅。　▲右　聖地泰山に対してその門前町の性格をもつ泰安

な店舗が軒を連ねる全長600mほどの歩行街となっている。浙江省の温州商人が中心になって出資したことから、この名がついている。

蒿里山 蒿里山 hāo lǐ shān ハオリイシャン［★☆☆］

泰山山麓の小丘陵の蒿里山（高里山）と社首山は、封禅の儀のうち、しばしば地への祭祀にあたる「禅」の舞台となってきた。紀元前104年、漢の武帝がここ蒿里山で「封禅の禅」を行なっている。また後漢ごろから、泰山の冥界説が広まると、蒿里が冥府への入口とされ、地下に「死人の里」がある

と考えられた。蒿里神は冥界の神とされ、かつて閻魔大王の祠、冥府の75司がならぶ森羅殿などが位置し、蒿里山に隣接する社首山とともに、冥界信仰の中心地だった（森羅殿には罪人をこらしめる刑罰の様子を表現した塑像があった）。これらの殿閣は中華民国時代の1928年に、迷信的なものとされ、破壊の憂き目にあった。

天への祭祀、地への祭祀

皇帝が泰山で挙行する封禅にあたって、岱頂での「封の儀（天への祭祀）」を終えたのち、周囲の小さな丘陵で「禅の儀（地

への祭祀)」を行なった。この「封」と「禅」はもともと別のものだったが、天円地方、陰陽説といった中国の宇宙観をあわせて、ひとつのものに体系づけられた。「封禅の禅(地への祭祀)」はさまざまな場所で行なわれ、紀元前104年に漢の武帝が行なった「蒿里山」、725年に唐の玄宗が行なった「社首山」はじめ、泰山周囲の「梁父山」、「粛然山」などがその舞台となった。1008年に封禅の儀を挙行した宋の真宗は、山西省の汾陰で「封禅の禅(地への祭祀)」を行なっている。

Guide,
Tai An Jiu Cheng
泰安旧城
城市案内

山東省を中心に華北や中国全土から集まった巡礼者
その巡礼者を迎えたのが泰山南麓にある泰安旧城
岱廟の北門からは泰山の雄大な姿が目に入る

泰安旧城 泰安旧城
tài ān jiù chéng タァイアァンジィウチャアン [★★☆]

泰安旧城は宋代の972年に造営され、かつては城壁を周囲にめぐらせていた。東の虎山路、西の青年路、南の財源大街東段、北の岱廟北街に囲まれたエリアが泰安旧城にあたり、南北1000m、東西800mの規模で、その4分の1を岱廟(泰山の下廟)が占めていた。明代には泰山への入山が1日8000～9000人(春には2万人)、年間80万人という巡礼者が訪れるようになり、泰安の宿屋や巡礼客の世話をする牙家と呼ばれる商売が繁盛した(明代には泰山入山料の香税があった

【地図】泰安旧城

【地図】泰安旧城の [★★★]
- ☐ 岱廟 岱庙 ダイミィアオ
- ☐ 天貺殿 天贶殿 ティエンクゥアンディエン

【地図】泰安旧城の [★★☆]
- ☐ 泰安旧城 泰安旧城 タァイアァンジィウチャアン

【地図】泰安旧城の [★☆☆]
- ☐ 東岳大街 东岳大街 ドォンユエダアジエ
- ☐ 通天街 通天街 トォンティエンジエ
- ☐ 老県衙 老县衙 ラオシィエンヤア
- ☐ 青年路基督教堂 青年路基督教堂 チィンニィエンルウジイドゥジィアオタァン
- ☐ 奈河 奈河 ナァイハア
- ☐ 天書観遺跡 天书观遗址 ティエンシュウグゥアンイイチイ
- ☐ 泰城清真寺 泰城清真寺 タァイチャアンチィンチェンスウ
- ☐ 遥参亭 遥参亭 ヤオサァンティン
- ☐ 正陽門 正阳门 チェンヤアンメン
- ☐ 岱宗坊 岱宗坊 ダァイズォンファン
- ☐ 革命烈士陵園 革命烈士陵园 ガミィンリエシイリィンユウエン

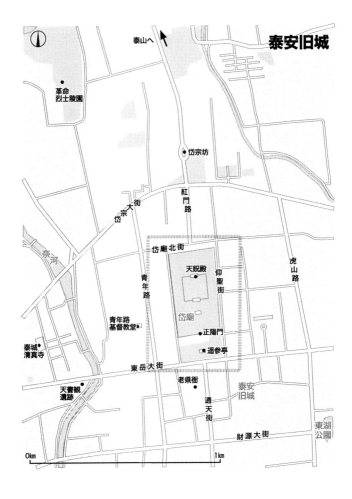

CHINA
山東省

が、清の乾隆帝時代に廃止された)。当時の泰安には1000～3000人もの客を泊める旅館があったといい、標高153mの泰安旧城から1545mの岱頂まで石段が続き、巡礼のための結社(香社)が神さまの名前を唱えながら登っていく声が、泰安旧城にも聞こえたという。また泰安旧城では城隍廟や資福寺(冥福寺)なども見られたが、20世紀初頭に迷信的であるとして、多くの寺廟が破壊された。

通天街 通天街 tōng tiān jiē トォンティエンジエ ［★☆☆］
泰安旧城の中軸線にあたり、「天に通ずる通り」を意味する通天街。南関大街から泰安旧城南門、通天街、遥参亭から岱廟へいたり、やがて紅門路、岱宗坊を通って泰山南麓へ続く。この中軸線は岱廟、泰山で祭祀を行なう歴代皇帝が通った道でもあり、岱廟が泰安旧城の北西隅にあったことから、通天街も西にずれている。

山東省

老県衙 老县衙 lǎo xiàn yá ラオシィエンヤア ［★☆☆］

岱廟の南側に残る明清時代の建築の老県衙。明の万暦年間に官吏蕭大亨の邸宅があり、清の雍正帝年間（1722〜35年）に泰安県の衙門（行政機関）がおかれた。明清時代の泰安旧城の面影を伝え、四合院様式の建築には蕭大亨の銅像が立つ。現在、老県衙文化旅游景区として整備されていて、清代の泰安老県衙の様子を再現した「老県衙博物館」とともに、食、遊、娯楽を楽しめる。

▲左 東岳大街はこの街の大動脈。 ▲右 岱廟の周壁が見える、かつて泰安旧城もこうした城壁に囲まれていた

青年路基督教堂 青年路基督教堂 qīng nián lù jī dū jiào táng チィンニィエンルウジイドゥジィアオタァン [★☆☆]

泰安旧城西関の地に立つキリスト教会の青年路基督教堂（登雲街天主教堂）。アヘン戦争以後の1878年にアメリカ人宣教師が泰安を訪れ、教会、病院、学校が一体となった施設で布教を行なった。切妻の赤屋根をもつこの青年路基督教堂は1900年に建てられ、泰安に残る貴重な近代西欧建築となっている。

山東省

奈河 奈河 nài hé ナァイハア ［★☆☆］

泰山から流れて泰安旧城の西を通って蒿里山へと流れていく奈河。三途の川の別名を奈河といい、泰安から見て対岸の地獄（蒿里山）との境界となってきた（479〜501年に記された『冥詳記』に、あの世とこの世の境界をなす奈河の存在が描かれている）。死人は冥界の閻魔庁へ赴く途中に、奈河にかかる奈河橋を渡るが、罪に応じて「橋を渡る」「川底を歩く」など、渡りかたが異なるという。また悪人は橋から川に落ちて蛇の餌食となる。こうした地獄観は仏教伝来のものでなく、中国で成立した『十王経』などで現れた。中国の地獄観は日

本にも伝わり、三途の川のほとりには脱衣婆と懸衣翁がいて、脱衣婆が死人の着物をはいで、懸衣翁が木にかけ、その軽重（罪の軽重）によって、3つの途（瀬）のいずれかを渡るといった観念が形成された。罪の軽いものは膝下までの浅い瀬を渡り、重いものは流れの速い瀬を渡ることになった。

山東省

天書観遺跡 天书观遗址 tiān shū guān yí zhǐ
ティエンシュウグゥアンイイチイ [★☆☆]

泰安旧城外の奈河そばに残る、北宋の第3代真宗ゆかりの天書観遺跡。1008年1月、宋の都開封に天書（天から啓示）がくだり、それに応えるかたちで真宗は年号を改め、泰山で天への祭祀「封禅」を行なう機運が高まった。そして6月には泰山山麓で再び、天書がくだり、乾封県（泰安）の奉高宮に到着した真宗は、莫大な財を投じて泰山で封禅の儀をとり行なった（乾封県と呼ばれていた泰安は奉符県に改められた）。このあいださまざまな奇跡が捏造されたが、これらは

宰相王欽若が主導した自作自演だった。当時、1004年の澶淵の盟で、北方の遼に領土の失われた北宋には、封禅を行なうことで中華の威光や皇帝の権威を内外に示す意図があったとされる。泰安に天書がくだったというこの場所に天書観（乾元観）が立っていたが、やがてすたれて碧霞元君がまつられた。のちにそれもすたれ、現在は天書観遺跡のモニュメントが位置する。

山東省

泰城清真寺 泰城清真寺 tài chéng qīng zhēn sì
タァイチャアンチィンチェンスウ ［★☆☆］

泰安に暮らすイスラム教徒の回族が礼拝に訪れる泰城清真寺（泰安清真西寺）。元末の創建で、明代の1619年、1624年はじめ、たびたび重建された（文革のときにも破壊をこうむった）。現在は礼拝大殿、北講堂、南講堂を中心とする中国風建築で、アラビア文字の装飾が見える。奈河のほとり、清真寺街の北段に立つ。

Guide, Dai Miao
岱廟
鑑賞案内

CHINA
山東省

泰山の神さまがまつられた岱廟
岱頂を目指す者が必ずその前に参詣し
泰山の祭祀はおもにこちらで行なわれてきた

岱廟 岱庙 dài miào ダァイミィアオ ［★★★］

山上の岱頂（天）に対応するように山麓（地）に立ち、東岳泰山の神さまがまつられた岱廟。泰山は岱山とも、太山、大山とも言われ、岱は「始（万物の起こり）」や「代謝（新しきを生じる）」を意味する。紀元前219年、秦の始皇帝が封禅を行なったときの祭祀場と言われ、漢(紀元前202〜220年)代にはここに宮殿が建てられたという。宋代の1122年に殿、寝宮、堂が整備されるなど、時代をおって増改築が続き、現在は150間もの建物が連なる。とくに泰山の神さま（東岳大帝）をまつる本殿「天貺殿」は中国を代表する木造建築にあ

Taishan

岱廟鑑賞案内

げられ、故宮太和殿（北京）、孔廟大成殿（曲阜）とならぶ中国古代三大宮殿式建築のひとつとなっている。「泰山第一行宮」の扁額が見えることからも、泰山に登る皇帝は、まずここ岱廟を訪れて祭祀を行なった。東岳廟、泰廟とも呼ばれ、現在は泰安市博物館として開館する。

CHINA
山東省

水滸伝に描かれた奉納相撲

泰山の神さまの誕生日をお祝いする東岳廟会（縁日）は、唐宋時代から行なわれ、明清時代には大いににぎわった。『水滸伝』の「燕青智をもって擎天柱を撲つ」では、この東岳廟会（3月28日の泰山の天斉聖帝誕生日）にあわせて、燕青が梁山泊から行商人の格好をして泰安を訪れる。人の行き来が絶えない泰安の縁日の様子が描かれ、燕青は山東人の小唄を歌い、自分が梁山泊のものでないよう演じる。そのとき岱廟で、奉納相撲試合が行なわれていて、2年間敵なしの大男擎天柱と燕青が参詣客の前で相撲をとり、燕青が勝利する。

▲左　岱廟から望む遥参亭、かつては岱廟の一部だった。　▲右　岱廟の厚戴門から泰山に向かって一筋の道が伸びる

遥参亭 遥参亭 yáo cān tíng ヤオサァンティン ［★☆☆］

岱廟の目前（南側）に立ち、「泰山第一行宮」の額がかかる遥参亭。遥参亭という名称は、皇帝がまず最初に簡単な参拝儀式を行なったことに由来し、巡礼者は遥参亭で礼拝したのち、岱廟、泰山へと向かった（唐宋以前は遥参門と呼ばれていた）。明代の1534年、東西52m、南北66mの二院に整備され、碧霞元君がまつられると、岱廟から独立した建物となり、清の乾隆帝時代の1770年に遥参坊が建てられた。742年に、泰山を訪れた李白の游泰山の碑が残る。

【地図】岱廟

【地図】岱廟の [★★★]
- ☐ 岱廟 岱庙ダァイミィアオ
- ☐ 天貺殿 天贶殿ティエンクゥアンディエン

【地図】岱廟の [★★☆]
- ☐ 岱廟坊 岱庙坊ダァイミィアオファン
- ☐ 泰山刻石 泰山刻石タァイシャンカアシイ
- ☐ 泰山神啓蹕回鑾図 泰山神启跸回銮图 タァイシャンシェンチイビイフゥイルゥアントゥウ
- ☐ 厚戴門 厚戴门ホウダァイメン

【地図】岱廟の [★☆☆]
- ☐ 遥参亭 遥参亭ヤオサァンティン
- ☐ 正陽門 正阳门チェンヤアンメン
- ☐ 配天門 配天门ペイティエンメン
- ☐ 岱廟東路 岱庙东路ダァイミィアオドォンルウ
- ☐ 東御座 东御座ドォンユウズゥオ
- ☐ 岱廟西路 岱庙西路ダァイミィアオシイルウ
- ☐ 仁安門 仁安门レンアンメン
- ☐ 碑廊 碑廊ベェイラァン
- ☐ 后寝宮 后寝宫ホォウチィンゴォン
- ☐ 后花園 后花园ホォウフゥアユゥエン
- ☐ 鉄塔 铁塔ティエタア
- ☐ 東岳大街 东岳大街ドォンユエダアジエ

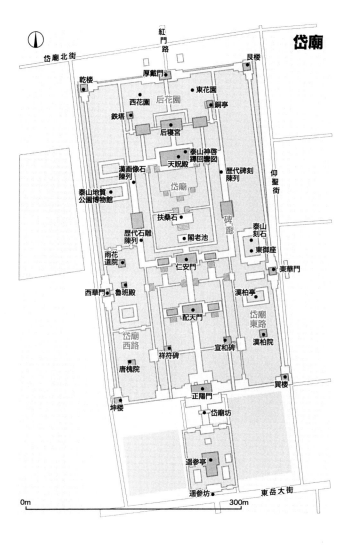

山東省

岱廟の構成

岱廟は南北406m、東西237ｍの敷地に、中軸線上とその東西の軸線にも建物を配する中国の伝統的な宮殿建築様式（古代の皇宮）をもつ。「正陽門」「配天門」「仁安門」「天貺殿」「后寝宮」「厚戴門」といった主要な宮殿が中軸線にならび、とくに岱廟の主殿にあたる「天貺殿」は、中国を代表する木造建築にあげられる。一方で、東路には、炳霊院の旧址に立つ「漢柏院」、皇帝が祭祀の前に休んだ「東御座」、李斯の刻んだもっとも古い刻石の「秦刻石」などが位置する。西路には唐代の柏が残る「唐槐院」、道士の居住場所の「雨花道院」、泰山の

地質や歴史を紹介する「泰山地質公園博物館」が位置する。岱廟をめぐる城壁の4つの角には各楼がそびえ、それらは艮（北東）、巽（南東）、坤（南西）、乾（北西）と八卦を示す。また岱廟の東西南北には、東門の「東華門（青龍門）」、西門の「西華門（素景門）」、南門の「正陽門」、北門の「厚戴門」が配され、厚戴門の外から泰山山麓へいたる巡礼路が伸びる。

CHINA
山東省

岱廟坊 岱庙坊 dài miào fāng ダァイミィアオファン[★★☆]

岱廟の正門前に立つ堂々とした牌楼の岱廟坊。清朝康熙帝時代の1672年、山東布政使施天裔（1614〜90年）によって建てられた。高さ11.3m、幅9.8mの四柱三間の牌楼には獅子をはじめ精緻な彫刻がほどこされ、清代の牌楼建築の傑作（「斉魯第一坊」）にあげられる。「玲瓏坊」ともいう。

▲左　見事な彫刻がほどこされた岱廟坊。　▲右　正陽門を基点とする岱廟中軸線に立つ仁安門

正陽門 正阳门 zhèng yáng mén チェンヤアンメン [★☆☆]

岱廟の南門にあたり、「岱廟」の扁額がかかる堂々としたたたずまいの正陽門。高さ19m、奥行17.7mで、東西に通用口の披門をもち、城壁のうえには五鳳楼が載る。宋代の建立で当時は太岳門と呼ばれていたが、明代に岳廟門、岱廟門と名前が変わり、清代に正陽門となって現在にいたる。正陽とは「正陽、南方太陽の気なり」（「陽」は「南」を意味する）に由来し、北京内城の南門もまた正陽門（前門）と呼ぶ。

山東省

配天門 配天门 pèi tiān mén ペイティエンメン ［★☆☆］

配天門は岱廟第2の道門で、「徳配天地（泰山の徳は天地に配れあられる）」という孔子の言葉から名づけられた。祭祀のために訪れた皇帝はこの門の前で輿から降りて、休息したという。また配天門の前方東には岱廟でもっとも大きな石碑で、高さ9.25m、1124年建立の「宣和重修泰岳廟記碑（宣和碑）」、西には泰山に残るもっとも古い亀趺碑で、高さ8.2 m、1013年建立の「大宋封東岳天斉仁聖帝碑（祥符碑）」が立つ。

岱廟東路 岱庙东路
dài miào dōng lù ダァイミィアオドォンルウ [★☆☆]

岱廟中軸線の東側は、東路と呼ばれ、漢の武帝が封禅のときに植えたという「漢柏院」（また赤眉軍の残した斧の跡、清の乾隆帝がここにしばしば滞在した）、その北側、三層の上部からは岱廟と泰山が視界に入る「漢柏亭」、岱廟の東門にあたる「東華門」、清の乾隆帝が駐蹕亭（一時的に滞在した）とした「東御座」、泰山でもっとも古い秦代の篆書で記された「秦泰山石刻」などが残る。

山東省

東御座 东御座 dōng yù zuò ドォンユウズゥオ [★☆☆]

東路の中心建築で、元代に建てられ、その後、清朝乾隆帝の行宮となった東御座。泰山に登る官吏や貴人が休憩する迎賓堂で、清代に三茅殿が増築され、三茅真人がまつられた。1770年、泰山を訪れた乾隆帝が駐蹕亭とし、皇帝の行宮の役割を果たした。垂花門、儀門、大門、正殿などからなる四合院建築の様式をもつ。

▲左　価値ある書画もかざられている。　▲右　岱廟から望む泰山、ここから巡礼に出発する

泰山刻石 泰山刻石
tài shān kè shí タァイシャンカアシイ [★★☆]

紀元前221年、中華全土を統一した秦の始皇帝は、各地に巡行し、それぞれに秦の威光を知らしめる石碑を立てた。岱廟に安置されている泰山刻石は、紀元前219年の泰山での封禅にあたって刻まれたもので、碑文は李斯による。秦の文字「篆書」で222文字が書かれたが、そのうち10文字だけが残った（始皇帝時代のものが144字で、その後、秦2世皇帝によって追刻された）。当初、岱頂にあったが、山麓の岱廟に遷され、現在は泰山でもっとも古い秦代の貴重な石刻となっている。

山東省

始皇帝と泰山刻石

戦国七雄のひとつで西方の咸陽（西安）に都をおく秦の始皇帝は、中華全土を統一する過程ではじめて海に接し、斉や燕の方士の語る神仙思想に魅せられた。紀元前219年、始皇帝は斉南西にそびえる泰山に登って封禅を行ない、天に中華統治の正統性を報告することを決意した。古代の帝王が行なったという封禅の方法は、儒家の議論を聞いてもまちまちではっきりとせず、始皇帝はついにそれを退けた。泰山南麓から車道が敷かれ、山頂にいたった始皇帝は刻石を建て、封禅の「封」を行なった。帰りは陰道（北口）から下山し、その

後、梁父山（地）で封禅の「禅」を行ない、渤海にそって山東半島をもうでた。始皇帝が巡行のなかで建てた刻石のなかで、泰山刻石と琅琊台刻石のみ現存する。

岱廟西路 岱庙西路
dài miào xī lù ダァイミィアオシイルウ ［★☆☆］
中軸線をはさんでちょうど東路と対称に位置する岱廟西路。延禧院のあった場所に残る「唐槐院」、清代創建で大工の神さまをまつる「魯班殿」、岱廟の道士の居住場所で、院内には蔵経堂や岱廟石刻がある「雨花道院」と続く。また岱廟西

門にあたる「西華門」が位置する。かつて岱廟西路には延禧院、環詠亭も立っていたが、1928年の国民政府の北伐時に破壊をこうむった（魯班殿は再建された）。また西路の後方には「泰山地質公園博物館」があり、泰山の地質、歴史、生物資源、植物標本などの展示が見られる。

仁安門 仁安门 rén ān mén レンアンメン ［★☆☆］
岱廟第3の道門にあたり、五間の正面をもつ仁安門。元代の1266年に創建されたのち、明代の1547年に火災にあい、その後、再建された。仁安とは「仁者安仁（仁者は仁に安んず）」

▲左　岱廟にまつられた泰山神像（東岳大帝）。　▲右　天貺殿は宋代の建築様式を今に伝える

からその名がとられ、「天下帰仁（天下は仁に帰す）」の扁額も見える。仁安門より奥は第三院にあたり、太湖石や石刻に囲まれた「閣老池」、神樹の扶桑に似た「扶桑石」が位置する。

天貺殿 天貊殿 tiān kuàng diàn ティエンクゥアンディエン[★★★]
天（泰山岱頂）にある上廟に対し、地（泰安）で東岳泰山神をまつる岱廟主殿の天貺殿（てんきょうでん）。1008年、泰山で封禅を行なった宋の真宗が、翌年の1009年、天への感謝を込めてこの宮殿を造営した。正面48.7m、高さ22.3m、奥行19.79mの堂々としたたたずまいで、太和殿（北京故宮）、

CHINA
山東省

大成殿(曲阜孔廟)とならぶ中国古代三大宮殿式建築のひとつにあげられる。宋代に嘉寧殿、元代に仁安殿、明清時代に峻極殿と呼ばれ、民国時代に天貺殿となった(「貺」とは「賜」のことで、天貺殿とは「天から賜った建物」を意味する)。またこの岱廟天貺殿の建築は、極数の9や、5の倍数の長さをもとにする「九五之制」で建てられていて、高さ4.4mになる泰山神像(東岳大帝)が安置されている。泰山神は、唐の玄宗によって「天斉王」、宋の真宗によって「天斉仁聖帝」、元の世祖によって「天斉大生仁聖帝」、明の洪武帝によって「東岳泰山神」と封じられるなど歴代王朝の保護を受けてきた。

泰山神への祭祀は、もっぱら天贶殿前の露台で行なわれた。

泰山神啓蹕回鑾図 泰山神启跸回銮图
tài shān shén qǐ bì huí luán tú
タァイシャンシェンチイビイフゥイルゥアントゥウ[★★☆]

天贶殿内の北、東、西の3面に展開する泰山神啓蹕回鑾図。長さ62m、高さ3.3mになる壮大な画で、泰山神が狩りで収穫を得る様子が描かれている。文官、武官をはじめとする697人の人物、キリンや象、ラクダ、獅子などの動物、山水、殿閣が見える。

山東省

碑廊 碑廊 bēi láng ベェイラァン ［★☆☆］

天貺殿前の院を囲むようにぐるりとめぐる岱廟碑廊。後漢の168年に刻まれた衡方碑、後漢の186年に刻まれた隷書の張遷碑、唐の661年高宗の双束碑など、漢代と唐代の中国を代表する碑刻が見られる「歴代碑刻陳列」、泰山地区の石の彫像を集めた「歴代石雕陳列」、人、車馬、楽舞、宴、故事など、石に刻まれた漢代の貴重な資料の「漢画像石陳列」からなる。岱廟は、こうした秦から清にいたる中国歴代王朝の碑刻を収蔵する。

▲左　岱廟の後方に位置する西花園（素景）。　▲右　こちらは泰安西門外の天書観から遷された高さ 3.8m の鉄塔

后寝宮 后寝宫 hòu qǐn gōng ホォウチィンゴォン［★☆☆］

天貺殿の背後、岱廟のもっとも後方部に立つ宮殿の后寝宮。北宋の真宗によって建てられ、東岳大帝妃（泰山神夫人）の淑明后がまつられている。天貺殿が「男性」「陽」の要素をもつのに対して、后寝宮は「女性」「陰」を示し、両者は甬道で結ばれている。

后花園 后花园 hòu huā yuán ホォウフゥアユゥエン［★☆☆］

后寝宮の背後に位置する后花園。樹齢600年の松はじめ松柏盆景で知られる「東花園（紫園）」、明代の1615年鋳造で、

CHINA
山東省

山頂の碧霞元君廟から山麓の霊応宮、岱廟へと遷された高さ5.6mの「銅亭」、四季折々の花とともに、桂花林や古柏の雲列三台が位置する「西花園（素景）」、明代の1533年につくられた高さ3.8mの「鉄塔」などが見られる。

鉄塔 铁塔 tiě tǎ ティエタア ［★☆☆］
明代の1533年に鋳造され、鋳鉄工芸の傑作にあげられる鉄塔。当時は泰安西門外の天書観に立ち、六角形13段のたたずまいだったが、日中戦争時に破壊をこうむり、下4段のみが現存する。現状の高さは3.8mで、塔身には拱形門が四方

に配され、装飾がほどこされている。

厚戴門 厚戴门 hòu dài mén ホウダイメン ［★★☆］
厚戴門は南、陽の正陽門に対峙する岱廟の北門で、この門の外から泰山山麓へ向けて参道が続く。宋の1009年の創建で、后宰門（岱廟の「後ろの門」の意味）とも、魯瞻門とも呼ばれた。現在の名前となっている厚戴とは、『易・坤』に記された「坤厚戴物（地は厚くて万物戴せるゆえ徳がある）」を意味する。厚戴門の上には望岳閣があり、北に屏風のように広がる泰山が見える。

中国屈指の名山に登る

超一流のものを指す泰斗
という言葉は泰山と北斗からとられた
比類ない存在をたとえて言う

泰山のかんたんな歴史

古くは『詩経』に「泰山巌巌」と記され、春秋戦国時代には泰山北麓に斉、南麓に魯があり、中原諸侯がその山麓で会盟を行なった。また斉や魯の方士たちは泰山に仙界を求め、泰山は山東地方の人たちに崇拝されていた。紀元前221年、秦の始皇帝が中華全土を統一すると、泰山と国家祭祀が結びつき、中国屈指の聖山となった（中国全土にある五岳のうちの筆頭、東岳となった）。また漢代に仏教が中国に伝わると、仏教の死生観に応じるように、泰山の神さまが生死をつかさどるという道教側の冥界説（泰山治鬼）も生じた。唐代、高

CHINA
山東省

宗が泰山で昊天上帝（天帝）をまつり、725年、玄宗は泰山の神を「天斉王」に封じるなど、国家祭祀が行なわれ、1008年、北宋の真宗は「天斉仁聖王」に昇格させた。明代になると東岳大帝（泰山の神さま）に替わって、その娘の泰山娘娘の人気が高くなり、子授けの神さまとして民間の信仰を受けた。1911年の辛亥革命後の中華民国時代には、古い思想の代表として泰山の寺廟が破壊されることもあったが、現在では山東省を代表する観光地となっている。

Taishan | 中国屈指の名山に登る

天と地の交わるこの地で封禅

古来より、中華を統治する天命を受けた者は、必ず泰山で封禅の儀を行ない、統治の正統性を天に報告した。古来より泰山では、伏羲、神農、炎帝、黄帝、顓頊、帝嚳、堯帝、舜、禹王ら伝説の王が封禅を行なったと伝えられる。泰山の頂上で土を高くもりあげて壇をつくって天をまつるのが「封」、山麓の小さな山で地をまつるのが「禅」とされたが、古代に行なわれたその儀式は記録されず、秘密にされた。紀元前221年、史上はじめて中国全土を統一した始皇帝は、斉や魯の儒者、博士をしたがえて泰山にいたったが、封禅について

CHINA
山東省

の的を得た答えが誰からも出ず、泰山の南から登って頂にいたり、北側から降りて梁父山で禅の祭りを行なった(このとき、始皇帝が山頂に建てた泰山刻石が岱廟に残る)。始皇帝に続いて、漢の武帝、後漢の光武帝、唐の高宗、玄宗、宋の真宗らが封禅の儀を催した。

泰山の食

泰山神水と呼ばれる美しい水、その湧き水でつくられた豆腐、野菜を「泰安三美」という。また泰山黒龍潭に棲息する3～4センチほどの魚「赤鱗魚のから揚げ」、后石塢九龍崗付近

▲左　泰山の山頂こと岱頂、その頂を目指して巡礼する人たち。　▲右　封禅を行なう皇帝もまた岱廟からその背後の泰山へと登っていった

の松あたりでとれるキノコの「天花菜と鶏肉の煮込み」、ほかにも泰山でとれる「忘れ草や浜防風、山丁香の和えもの」などの料理をはじめ、泰山では野菜料理と薬膳料理が知られる。そのほかにも、クレープのようにネギや卵を包んで食べる「泰山煎餅」、栗、くるみ、ナツメ、りんごなどの「果物」、泰山で育まれた泰山人参、寄金龍、何首烏、黄晶、紫草といった「漢方薬」などの人気も高い。泰山では南方の茶と異なる香しさをもつ泰山女児茶が飲まれる（『紅楼夢』で、襲人が女児茶を飲む場面がある）。

山東省

冥界と泰山

泰山の神さま(泰山府君)は生死を司るという。泰山の山頂には人びとの寿命の長短を記した帳簿があり、泰山に死者の世界があるという信仰は後漢(25〜220年)時代には知られていた。この時代、仏教の中国伝来とともに、閻魔大王や死後の観念も伝わり、仏教の壮大な地獄観に対して、中国側は仏教ほどの深遠さはないものの、類似する考えのあった泰山信仰の一部を仏教の地獄と同一視した(また仏教側が、泰山を地獄に見立てて中国人にわかりやすいように布教した)。こうしてインド・イランのヤマこと仏教の閻魔大王は泰山府

Taishan　中国屈指の名山に登る

君と同化、また関連づけて考えられるようになった。閻魔大王は死後の世界の支配者であり、人びとに公平に罪をあたえる。この閻魔大王が罪人を裁判官のように裁くのは中国的な特徴だとされ、泰山府君につけられた「府君」とは漢代、郡をおさめた知事のことだった（泰山太守、閣下といった意味合い）。同様に、中国では地底の死者の世界を黄泉というが、これは「黄土（黄河）の濁水の泉」が想定されることからも、仏教の地獄観を中国化させた。中国独自の死生観では、人が死ぬと「魂」と「魄」にわかれ、「魂」は天に帰り、「魄」は地に帰ると考えられている（その地が泰山にあたる）。

【地図】泰山

【地図】泰山の［★★★］
- ☐ 岱頂 岱顶ダァイディン
- ☐ 碧霞祠 碧霞祠ビイシィアツウ
- ☐ 玉皇頂 玉皇顶ユウフゥアンディン
- ☐ 南天門 南天门ナァンティエンメン

【地図】泰山の［★★☆］
- ☐ 中路旅游区 中路旅游区チョンルウリュウヨウチュウ
- ☐ 紅門宮 红门宫ホォンメンゴォン
- ☐ 中天門 中天门チョンティエンメン
- ☐ 十八盤 十八盘シイバアパァン
- ☐ 泰安 泰安タァイアァン
- ☐ 馮玉祥墓 冯玉祥墓フェンユウシィアンムウ
- ☐ 普照寺 普照寺プウチャオスウ

【地図】泰山の［★☆☆］
- ☐ 王母池 王母池ワァンムウチイ
- ☐ 一天門 一天门イイティエンメン
- ☐ 斗母宮 斗母宫ドォウムウゴォン
- ☐ 経石峪 经石峪ジィンシイユウ
- ☐ 壺天閣 壶天阁フウティエンガア
- ☐ 天地広場 天地广场ティエンデイグゥアンチャアン
- ☐ 西路 西路シイルウ
- ☐ 黒龍潭 黑龙潭ヘェイロォンタァン
- ☐ 竹林寺 竹林寺チュウリィンスウ
- ☐ 扇子崖 扇子崖シャンツウヤア
- ☐ 雲歩橋 云步桥ユンブウチャオ

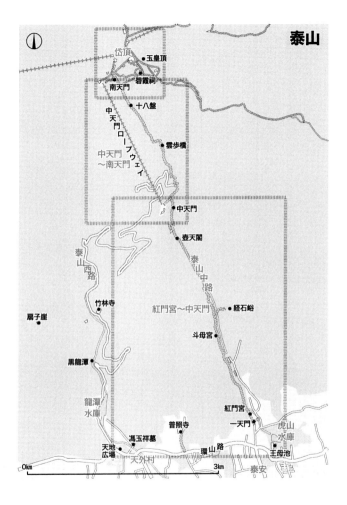

Taishan 中国屈指の名山に登る

泰山山頂へ続く石階段の詳細

標高	区間	階段	距離
150～165m	○岱廟厚戴門～岱宗坊	なし	474m
165～230m	岱宗坊～関帝廟	なし	1020.3m
230～250m	関帝廟～○紅門宮	128段	190.5m
250～270m	○紅門宮～万仙楼	61段	390.3m
270～285m	万仙楼～烈士碑	40段	118.3m
285～360m	烈士碑～斗母宮	236段	783.2m
360～410m	斗母宮～経石峪路口	208段	294.3m
410～480m	経石峪路口～東西橋	163段	533.6m
480～520m	東西橋～泰安紀念碑	273段	464.2m
520～630m	泰安紀念碑～四槐樹	91段	347.9m
630～650m	四槐樹～壷天閣	221段	205.9m
650～710m	壷天閣～薬王殿	283段	197.8m
710～715m	薬王殿～歩天橋	35段	83.1m
715～840m	歩天橋～○中天門	660段	381m
	【岱廟厚戴門～中天門の小計】	2399段	5484.4m
840～805m	○中天門～公路南首	65段	47.1m
805～800m	公路南首～北首	なし	264m
800～870m	公路北首～斬雲剣	207段	216.5m
870～920m	斬雲剣～雲歩橋	263段	109m
920～940m	雲歩橋～五松亭	154段	188.9m
940～980m	五松亭～朝陽洞	385段	498m
980～1130m	朝陽洞～対松亭	579段	315m
1130～1180m	対松亭～龍門坊	462段	300m
1180～1300m	龍門坊～昇仙坊	701段	150m
1300～1420m	昇仙坊～○南天門	480段	542m
1420～1470m	○南天門～碧霞祠	324段	160.3m
1470～1480m	碧霞祠～唐摩崖	96段	62.4m
1480～1490m	唐摩崖～青帝宮	82段	106.6m
1490～1524m	青帝宮～○玉皇頂	169段	494.5m
	【中天門～玉皇頂の小計】	3967段	3454.3m
	合計	6366段	8938m

「泰山微网站」掲載図泰山里程表をもとに作成
泰山の標高に関しては1545m説と1524m説がある

CHINA
山東省

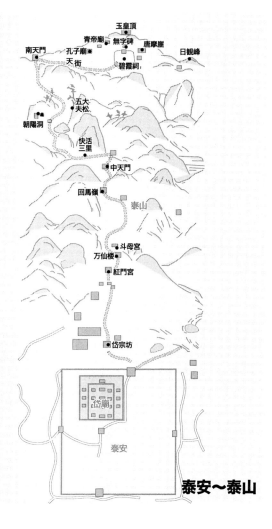

Guide,
Hong Men Lu

岱宗坊〜一天門
鑑賞案内

CHINA
山東省

岱廟の厚戴門から真っ直ぐ北に伸びる道
岱宗坊を過ぎて泰山山麓にいたり
一天門から岱頂へ石階段が続いていく

岱宗坊 岱宗坊 dài zōng fāng ダァイズォンファン ［★☆☆］
岱廟北門（厚戴門）から泰山の登山口へ伸びる紅門路（神道）に立つ岱宗坊。岱廟を出た巡礼者がここでいったん休憩をとる泰山登山の第一の坊となっていて、登山中路の門にあたる。花崗岩製の三間の牌坊で、篆書で記された「岱宗坊」の文言が見える。明代の1561年に建立され、清代の1730年に重修された（近くには地獄の豊都廟や閻王廟が立っていたが今は残っていない）。「東岳坊」とも呼ばれ、「重修岱宗坊記碑」と「重修泰山記碑」が立つ。

泰山文化広場 泰山文化广场
tài shān wén huà guǎng chǎng
タァイシャンウェンフゥアグゥアンチャアン ［★☆☆］

泰山山麓、紅門路の北端西側に位置する泰山文化広場。文房四宝や玉器、骨董品などをあつかう店舗がならぶ。

【地図】岱宗坊～一天門

【地図】岱宗坊～一天門の ［★★★］
- ☐ 岱廟 岱庙ダァイミィアオ
- ☐ 天貺殿 天贶殿ティエンクゥアンディエン

【地図】岱宗坊～一天門の ［★★☆］
- ☐ 厚戴門 厚戴门ホウダァイメン
- ☐ 中路旅游区 中路旅游区チョンルウリュウヨウチュウ
- ☐ 紅門宮 红门宫ホォンメンゴォン
- ☐ 泰安旧城 泰安旧城タァイアァンジゥチャアン

【地図】岱宗坊～一天門の ［★☆☆］
- ☐ 岱宗坊 岱宗坊ダァイズォンファン
- ☐ 泰山文化広場 泰山文化广场 タァイシャンウェンフゥアグゥアンチャアン
- ☐ 王母池 王母池ワァンムウチイ
- ☐ 関帝廟 关帝庙グゥアンディミィアオ
- ☐ 一天門 一天门イィティエンメン
- ☐ 孔子登臨処 孔子登临处コォンツゥデェンリィンチュウ
- ☐ 青年路基督教堂 青年路基督教堂 チィンニィエンルウジイドゥジィアオタァン
- ☐ 奈河 奈河ナァイハア
- ☐ 革命烈士陵園 革命烈士陵园ガァミィンリエシイリィンユゥエン

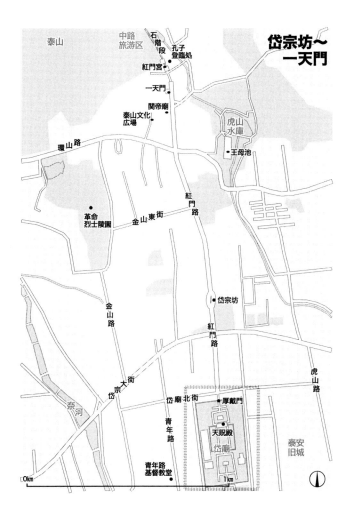

岱宗坊～一天門

Taishan

岱宗坊～一天門鑑賞案内

山東省

王母池 王母池 wáng mǔ chí ワァンムウチイ [★☆☆]

泰山山麓に位置する王母池では、泰山の男神に対して、古くから女神がまつられてきた（山頂の「陽」に対する山麓の「陰」）。古くは群玉庵とも瑶池ともいい、三国志の曹植が「東に王母庵通り、五岳間行き来す」（『仙人篇』）と記している。山門からなかに入ると、「王母池」が位置し、王母をまつる「正殿」が立つ。かつて呂洞賓がこの地で修行したと言われ、後院には「七真殿（呂祖廟）」「蓬莱閣」などが見える。王母池の北側には虎山水庫（ダム）があり、清朝の乾隆帝が虎を射ったという虎山公園も位置する。

関帝廟 关帝庙 guān dì miào グゥアンディミィアオ［★☆☆］

明清時代の泰安、泰山には三国志の英雄関羽をまつる関帝廟の数は10を超えたという。泰山南山麓のこの関帝廟は、いつ創建されたかわかっていないが、現在の建物は明代の崇禎年間に重建されたもの。泰安で商売する山西商人が自らの故郷出身の関羽をまつって山西会館とし、同郷出身者の互助活動や情報共有を行なった（山西商人は人びとの生活に必要な塩をあつかった）。門前に石獅子が見え、行事のときに催しものが出された戯台も残る。また古樹が繁っていて、なかでも「漢柏第一」が名高い。

山東省

中路旅游区 中路旅游区
zhōng lù lǚ yóu qū チョンルウリュウヨウチュウ [★★☆]
岱宗坊を抜けて、一天門から中天門、南天門、泰山山頂へといたる石の階段（石階盤道）。この全長 6.5 kmの中路旅游区には、亭や楼閣、景勝地、美しい風景が点在し、泰山登山のメインルートとなっている。石階段にまたがるように立つ「紅門宮」、古柏が洞窟内のような影をつくる「柏洞」、馬に乗って登山しようとした皇帝を返したという「回馬嶺」、傾斜70度になるところもある「十八盤」などが位置する。

▲左　岱廟と泰山登山口のちょうどあいだに立つ岱宗坊。　▲右　泰山のメイン登山路となる中路の入口付近

泰山の石階段

泰山の石階段は石階盤道（御道）と言い、山麓から山頂まで実に6366段の階段が続き、その距離は8938mになる。古くは紀元前219年に始皇帝が封禅のために車道を敷いて登った道であり、その後、唐の玄宗が封禅にあたってここに御道を整備した。御道とは、帝王が泰山を登るときに利用した道を意味する。

山東省

一天門 一天门 yī tiān mén イイティエンメン ［★☆☆］

一天門は泰山登山路の入口に立ち、このあたりから山頂への階段がはじまる。泰山には、山麓の一天門、山中の中天門（二天門）、山頂の南天門（三天門）という3つの天門があり、天門という名称は古くは漢代に見られるという。この一天門は明代に建てられたのち、清代の1717年に山東巡撫李樹徳によって現在の姿になった。左右には「天下奇観」「盤路起工処」の石碑が立ち、奥に向かって牌楼が連なっていく。

孔子登臨処 孔子登临处 kǒng zǐ dēng lín chù
コォンツウデェンリィンチュウ ［★☆☆］

かつて孔子は泰山に登り、南の魯国を望んで「泰山の頂からは天下は小さく見える」と言った（『孟子尽心上』）。孔子登臨処は明代の1560年に建てられたもので、四柱三門の石坊となっている。孔子はしばしば泰山にいたり、紀元前517年、斉への亡命途中で、家族を虎に食い殺された女性に出会った。「なぜこの場を去らないのか？」という質問に、「この地には残酷な搾取がないからだ」と女性は答えた。それを受けて孔子は「苛政は虎よりも猛なり」と述べたという。孔子登

CHINA
山東省

臨処の前方に「登高必自碑」「第一山碑」が、後方に「天階坊」が立ち、これらは明代の済南府同治、山東監察御史をはじめとする人たちによって建てられた。

Guide,
Hong Men Gong ～ Zhong Tian Men
紅門宮～中天門
鑑賞案内

一天門を過ぎると紅門宮が現れる
一歩ずつ階段を登っていく
山頂への道はまだ遠い

紅門宮 红门宫 hóng mén gōng ホォンメンゴォン [★★☆]
一天門、孔子登臨処、天階坊が連なり、その北側に紅門宮が立つ。紅門宮は弥勒仏をまつる仏殿（仏教）の東院と、碧霞元君をまつる道観（道教）の西院からなり、仏教と道教がここで交わる。両者の中央には石階段にまたがるように飛雲閣が立ち、紅門の文字が見える。いつごろに建てられたかは定かではないが、明代の1626年に重修されて現在にいたる。

万仙楼 万仙楼 wàn xiān lóu ワァンシィエンロォウ [★☆☆]
紅門宮北のこの地にはかつて望仙楼が立っていて、ここで

泰山の仙人たちが集まり、お経を講義したという。明代の1620年に改修されたとき、現在の姿（万仙楼）となり、石切門洞の上に二層の楼閣が載る。なかには西王母と碧霞元君がまつられ、現在は128人の仙人塑像が安置されている。また皇帝が泰山に登るとき、泰安の役人が万仙楼の北側まで見送り、謝恩した。そのため、万仙楼北面には「謝恩処」の扁額がかかる。万仙楼を過ぎると、1946年に泰安城を解放したことを記念する「革命烈士記念碑」、清代の1899年に刻まれた謎の文字を記した「虫二石刻（風月という文字の外の囲いをそれぞれとり除いたという）」が位置する。

【地図】紅門宮～中天門

【地図】紅門宮～中天門 の ［★★☆］
- ☐ 紅門宮 红门宫 ホォンメンゴォン
- ☐ 中天門 中天门 チョンティエンメン
- ☐ 泰安 泰安 タァイアァン
- ☐ 馮玉祥墓 冯玉祥墓 フェンユウシィアンムウ
- ☐ 普照寺 普照寺 プウチャオスウ

【地図】紅門宮～中天門 の ［★☆☆］
- ☐ 王母池 王母池 ワァンムウチイ
- ☐ 一天門 一天门 イイティエンメン
- ☐ 万仙楼 万仙楼 ワァンシィエンロゥ
- ☐ 斗母宮 斗母宫 ドゥウムウゴォン
- ☐ 経石峪 经石峪 ジィンシイユウ
- ☐ 総理奉安記念碑 总理奉安纪念碑 ズォンリイフェンアンジイニィエンベェイ
- ☐ 柏洞 柏洞 バァイドォン
- ☐ 壺天閣 壶天阁 フウティエンガア
- ☐ 回馬嶺 回马岭 フゥイマアリィン
- ☐ 西路 西路 シイルウ
- ☐ 黒龍潭 黑龙潭 ヘェイロォンタァン
- ☐ 竹林寺 竹林寺 チュウリィンスウ

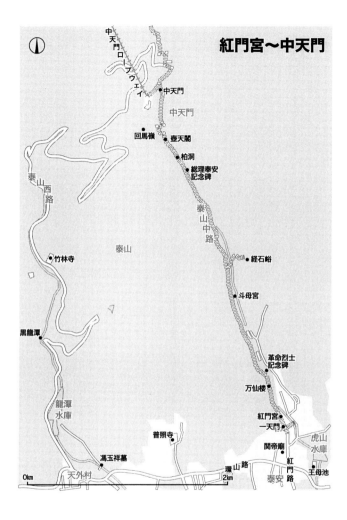

山東省

斗母宮 斗母宫 dòu mǔ gōng ドォウムウゴォン [★☆☆]

北斗七星の母（斗母）をまつる斗母宮。古く龍泉観と呼ばれていたが、明代の1542年に現在の名前になり、康熙帝時代に女道士（道尼）の暮らす道観となった。南、中、北という3つの院落があり、正殿には斗母元君と智上菩薩がまつられている（斗母元君は、仏教の摩利支天から道教に入った神さまで、子授けの神としても知られた）。斗母宮の西門外に明代以来の樹齢600年の、龍が伏せたような姿の「臥龍槐」が立つ。

経石峪 经石峪 jīng shí yù ジィンシイユウ ［★☆☆］

泰山参道の東側、大きな花崗岩に刻まれた鳩摩羅什訳『金剛般若波羅蜜経』。泰山にある摩崖石刻のなかで最大のもので、この地を経石峪と呼ぶ（摩崖刻経とは、自然の岩壁や岩石に経文を刻んだもの。道教聖地の泰山に仏教の経典が刻まれた）。華北で仏教が興隆した南北朝の北斉（550～577年）時代のもので、僧安道壹（～553年、580年）が制作に関わったという。当初は44行2799字だったが、風雨によって侵食され、現存するのは41行、1069字。文字の大きさは40～50センチで隷書が主で、その他、篆書なども見られる。

山東省

総理奉安記念碑 总理奉安纪念碑 zǒng lǐ fèng ān jì niàn bēi
ズォンリイフェンアンジイニィエンベェイ ［★☆☆］

1911年の辛亥革命を成し遂げた孫文（1866～1925年）は、北京で客死し、孫文の棺は南京へ運ばれる途中の1929年6月、ここ泰山にいったんとどまった。その後、建国の父と評価された孫文を記念して、高さ9.27mの石碑が建てられ、「総理奉安紀念碑」の文言が見える。

▲左　先は長い、ひとまず中天門を目指す。　▲右　道教と仏教が融合した紅門宮

柏洞 柏洞 bǎi dòng バァイドォン ［★☆☆］

経石峪を過ぎ、歇馬崖から壺天閣のあいだは、石階段の幅がとても狭くなり、その両脇にならぶ古柏が影をつくる。そこを歩くと、洞窟のなかのように涼しいことから、柏洞（柏がつくる洞窟）と名づけられた。清代の1899年に、柏洞の二文字を刻んだ石が建てられた。

山東省

壺天閣 壶天阁 hú tiān gé フウティエンガア ［★☆☆］

総理奉安記念碑から四槐樹を越えたところ、石階段をまたぐように立つ壺天閣。明代の嘉靖年間に建てられ、当初、昇仙閣と呼ばれていたが、清代の1747年に増築し、壺天閣となった。壺天とは道教の「仙境」のことで、建物の幅は東西14.5mになる。泰山登山(中路旅游区)では、壺天閣までがちょうど半分ぐらいになるが、ここから山頂までさらに1100もの福地があるという。

回馬嶺 回马岭 huí mǎ lǐng フゥイマアリィン ［★☆☆］

中天門の目前、石階段の両側の地形が狭まり、地勢が急に高くなるところに位置する回馬嶺。皇帝が馬にまたがってここまで登ってきたが、これ以上登ることができず、「回れ右」をして馬を返（回）した嶺というところから回馬嶺という名前がつけられた。その皇帝は宋の真宗とも、後漢の光武帝とも、唐の玄宗とも言われる。崇石坊が建てられ、回馬嶺の三文字が見える。

Guide, Tian Wai Cun
天外村
城市案内

泰山登山のもうひとつのルートは
天外村から出発する
近くには馮玉祥墓や普照寺も位置する

天地広場 天地广场 tiān dì guǎng chǎng
ティエンデイグゥアンチャアン ［★☆☆］

泰山登山路のうち、西路の入口にあたる天外村に、2000年に整備された天地広場（天外村広場）。古代中国の天円地方の考えが具現化された公園で、広場の両側に、高さ7.2m、直径0.9mの12本の龍柱が立つ（12本の柱は、歴代12皇帝の泰山封禅を象徴する）。方形広場は一辺長さ36mで、大汶口文化（泰安近郊で発掘）の象形符号、日月山の図案が記されている。また通路の中央には、唐の玄宗が行なった封禅を描いた長さ27m、幅3mの浮き彫りが見られる。

【地図】天外村

【地図】天外村の ［★★★］
- 岱廟 岱庙 ダァイミィアオ

【地図】天外村の ［★★☆］
- 馮玉祥墓 冯玉祥墓 フェンユゥシィアンムウ
- 普照寺 普照寺 プウチャオスウ
- 泰安 泰安 タァイアァン
- 紅門宮 红门宫 ホォンメンゴォン

【地図】天外村の ［★☆☆］
- 天地広場 天地广场 ティエンデイグゥアンチャアン
- 五賢祠 五贤祠 ウウシィエンツウ
- 三陽観 三阳观 サンヤァングゥアン
- 泰山広場 泰山广场 タァイシャングゥアンチャアン
- 国際会展中心 国际会展中心 グゥオジイフゥイチャンチョンシィン
- 革命烈士陵園 革命烈士陵园 ガァミィンリエシイリィンユゥエン
- 天地広場 天地广场 ティエンデイグゥアンチャアン
- 西路 西路 シイルウ
- 白龍池 白龙池 バァイロォンチイ
- 黒龍潭 黑龙潭 ヘェイロォンタァン
- 扇子崖 扇子崖 シャンツウヤア
- 泰山駅 泰山站 タァイシャンヂァン
- 東岳大街 东岳大街 ドォンユエダアジエ
- 霊応宮 灵应宫 リィンイィンゴォン
- 蒿里山 蒿里山 ハオリイシャン
- 岱宗坊 岱宗坊 ダァイズォンファン
- 斗母宮 斗母宫 ドォウムウゴォン

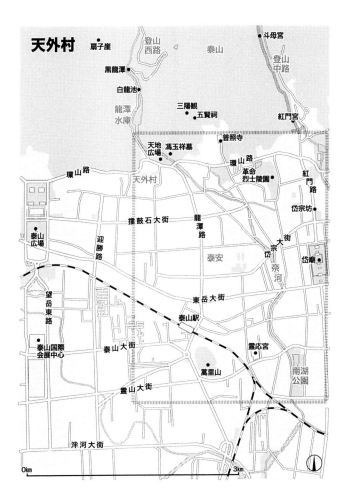

山東省

馮玉祥墓 冯玉祥墓
féng yù xiáng mù フェンユウシィアンムウ [★★☆]

馮玉祥（1880〜1948年）は貧しい農家の出身でありながら、袁世凱配下、そして軍閥へとなりあがり、一時は中国の最高権力をもつまでになった。質素な生活と読書を好み、部下と共同生活するといった特徴ある軍人だった。この馮玉祥は、日本への無抵抗主義をとる蒋介石の態度を不満とし、1932〜35年に泰山で隠居し、読書や著述にはげむ日々を過ごした。馮玉祥は泰山を愛し、死後、その遺言のもと泰山山麓の大衆橋のたもとにほうむられた（大衆橋は、1935年に馮玉

祥によって架けられた）。1953年に泰山の花崗岩でつくられた馮玉祥墓は、馮玉祥の人生を表した4層66段の階段で構成される。第1層は誕生から軍に入るまでの20段、第2層は青年から成年までの14段、第3層は軍人生活の14段、第4層は抗日戦争、分裂反対、祖国の平和と民主を願った18段となっている。郭沫若による「馮玉祥先生之墓」の7文字が見える。

馮玉祥と泰山

馮玉祥は安徽省を原籍とし、正規の教育は1年3か月受けた

CHINA
山東省

だけで、12歳から袁世凱の兵士(軍人)となった。1911年の辛亥革命を受けて清朝が滅亡すると、1924年、馮玉祥はラストエンペラー愛新覚羅溥儀の優待条件をとり消して、紫禁城から退去させた。こうして袁世凱以後、軍閥として頭角を現した馮玉祥は、一時は最高権力を手にするまでになった。その後、張家口を拠点に部下たちと共同生活の日々を過ごし、キリスト教を信仰したことから、クリスチャンジェネラルと呼ばれた。1931年の満洲事変後は抗日を主張したが、蒋介石に受け入れられず、泰山に隠居し、この泰山での隠居生活は、1932～35年のあいだで二度に渡っている。複数の大学

▲左　天の外の村を意味する天外村から西路ははじまる。　▲右　歴代12皇帝の泰山封禅を象徴する柱、天地広場にて

教授をまねいて「レーニンの哲学」「天文」「歴史」「地理」「心理」「生物」「物理」「化学」「中国文学」などの講義を受けたり、『国連調査団に反対する』『察哈爾抗日実録』『膠東遊記』などの著作を執筆した（また侵略反対の立場から、墨子の非攻篇を好んだ）。満州事変の調査を行なう国際連盟リットン卿は、泰山の馮玉祥のもとを訪ね、200の籠を雇って山頂に登り、野宴を張ったという。馮玉祥は1948年に乗船した船の火災にあって、黒海上で事故死し、その遺骨は死後5年後に泰山で埋葬された。

CHINA
山東省

普照寺 普照寺 pǔ zhào sì プウチャオスウ ［★★☆］
六朝（220〜581年）時代に創建された古刹の普照寺。普照寺の名前は「仏光普照（仏の光は、あまねく照らす）」からとられ、道教聖地の泰山にあってめずらしい仏教寺院となっている。泰山凌漢峰の麓、前方を渓流が流れる風水をもち、南北82m、東西75mの敷地に伽藍が展開する。山門からなかに入ると、釈迦牟尼仏をまつった「大雄宝殿」、六朝時代からある松を眺めるのに適した「篩月亭（長松篩月）」、弥勒仏像を安置する「摩松楼」がならぶ。明代1521年（正徳年間）の重開山記碑には、高麗の仏僧、満空が泰山で修行し、竹林

寺と普照寺を再建したと記されている。清代も引き続き、修築され、民国時代に隠居した馮玉祥が普照寺に身を寄せた。

五賢祠 五贤祠 wǔ xián cí ウウシィエンツウ [★☆☆]
宋代、泰山学派と呼ばれる儒学者が起居した場所に残る五賢祠。ここは唐代に棲真観があり、宋の「泰山先生」こと孫復（992〜1057年）、石介（1005〜45年）が泰山上書院を建てた場所で、このふたりに胡瑗(993〜1059年)をあわせて明代に「三賢祠」が整備された（宋代の泰安の先賢を記念した）。その後、清代に泰安出身の宋熹（1571〜1614年）と趙国麟（1673

〜 1751 年）をくわえて五賢祠となった（元代、山東の学芸の中心は東平にあり、泰安でも学問が盛んだった。泰安州学は金末原初の混乱でも残り、1271 年に再建され、元代の泰安には東平の李簡・王旭が住んだ）。

三陽観 三阳观 sān yáng guān サンヤァングゥアン[★☆☆]
五賢祠の背後の山道を登ったところ、凌漢峰の麓に立つ三陽観。明代の 1551 年、東平の王三陽（道士）が諸国を遍歴したあと、弟子とともにここに暮らした。「山門」「三観殿」「真武殿」「混元閣」「天仙聖母殿」が中軸線にならぶ。

▲左 泰山を愛した馮玉祥が身を寄せた普照寺。 ▲右 この寺で知られた楼閣の篩月亭（長松篩月）

泰安革命烈士陵園 泰安革命烈士陵园
tài ān gé mìng liè shì líng yuán
タァイアァンガァミィンリエシイリィンユゥエン ［★☆☆］

日中戦争、国共内戦で生命を落とした人たちがまつられた泰安革命烈士陵園。1953年、泰山南麓に建てられたのち、1989年に現在の姿に整備され、「牌坊」「悼念広場」「革命烈士紀念碑」「尾碑」「烈士墓群」「烈士骨灰堂」「革命史展覧館」からなる。高さ34mの革命烈士紀念碑は、泰山の花崗岩を素材とする。

山東省

泰山広場 泰山广场 tài shān guǎng chǎng
タァイシャングゥアンチャアン [★☆☆]

泰山市街の西に2001年に整備された泰山広場(高鉄の泰安駅により近い)。泰安市政府の南側に位置し、広場は泰山を背に南に向かって低くなっていく。扇型の露天舞台、音楽噴水が見られる。

泰山国際会展中心 泰山国际会展中心
tài shān guó jì huì zhǎn zhōng xīn
タァイシャングゥオジイフゥイチャンチョンシィン［★☆☆］

泰山、泰安市政府、泰山広場と続く南北の軸線上に位置する泰山国際会展中心。国際会議や見本市が行なわれる展示会場で、総合展庁を中心とする。南側と北側に広場が配置されていて、封禅にもちいる金鼎のかたちをしている。

Guide, Xi Lu
西路鑑賞案内

「天の外の村」こと天外村から
泰山山頂に向かって伸びる西路
登山路は中天門で中路と合流する

西路 西路 xī lù シイルウ ［★☆☆］

泰山の山水は、それぞれ中渓、西渓にくだり、その流れ沿いに登山路が整備されてきた。泰山山麓の天外村から西渓の流れをさかのぼる西路（天外村路）は、中天門で中路と合流する。中路が山麓から石階段を歩いて登るのに対して、西路には道路が整備され、中天門までのバスが通じている（中天門から山頂にいたるロープウェイが伸びている）。天外村の「天地広場」が起点で、「黒龍潭」や「白龍池」、仏教寺院の「竹林寺」などが位置し、渓谷、湖、林など美しい自然に包まれている。西路麓の「龍淵水庫」は、泰安を占領した日本軍に

【地図】西路

【地図】西路の [★★☆]

- [ ] 馮玉祥墓 冯玉祥墓フェンユウシィアンムウ
- [ ] 普照寺 普照寺プウチャオスウ
- [ ] 泰安 泰安タァイアァン
- [ ] 中路旅游区 中路旅游区チョンルウリュウヨウチュウ
- [ ] 紅門宮 红门宫ホゥンメンゴゥン
- [ ] 中天門 中天门チョンティエンメン

【地図】西路の [★☆☆]

- [ ] 西路 西路シイルウ
- [ ] 天地広場 天地广场ティエンデイグゥアンチャアン
- [ ] 白龍池 白龙池バァイロォンチイ
- [ ] 黒龍潭 黑龙潭ヘェイロォンタァン
- [ ] 竹林寺 竹林寺チュウリィンスウ
- [ ] 無極廟 无极庙ウウジイミィアオ
- [ ] 扇子崖 扇子崖シャンツウヤア
- [ ] 一天門 一天门イイティエンメン
- [ ] 万仙楼 万仙楼ワァンシィエンロゥウ
- [ ] 斗母宮 斗母宫ドゥオムウゴゥン
- [ ] 経石峪 经石峪ジィンシイユウ
- [ ] 総理奉安記念碑 总理奉安纪念碑
  ズォンリイフェンアンジイニィエンベェイ
- [ ] 柏洞 柏洞バァイドォン
- [ ] 壺天閣 壶天阁フウティエンガア
- [ ] 回馬嶺 回马岭フゥイマアリィン
- [ ] 雲歩橋 云步桥ユンブウチャオ

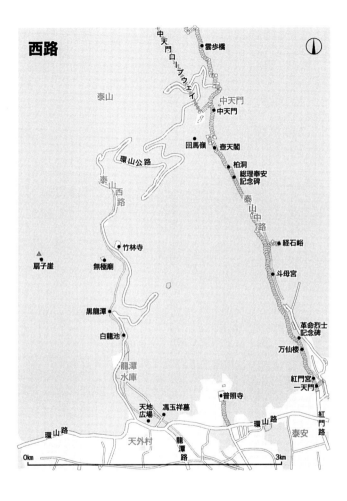

山東省

よって1942年に整備された(そこから奈河に流れていく)。

白龍池 白龙池 bái lóng chí バァイロォンチイ ［★☆☆］
龍淵水庫から建岱橋を渡ったところに位置する白龍池。東海龍王の子の白龍の住処と言われ、唐宋時代、干ばつにあったとき泰安の官民はここで雨乞いをしたという。1082年、宋の神宗は白龍を「淵済公」に封じ、神龍祠を建てたと伝えられる。池の北に崖が削られた巨石の玄圭石が残り、雨が降って流れに沈んだあとに龍、もしくは亀が現れようで、石舟とも晒亀石ともいう。

黒龍潭 黑龙潭 **hēi lóng tán** ヘェイロォンタァン ［★☆☆］
西渓の水を集めた、深い緑の湖面をもつ黒龍潭。ここ黒龍潭と東海の竜宮は通じているとも言われ、百丈崖から流れ落ちる滝の「龍潭飛瀑」は西渓屈指の名勝にあげられる。また黒龍潭では、泰山の標高 270 〜 800m にのみ生息する淡水魚「泰山赤鱗魚」が見られる（ここでしか見られない珍魚とされ、黒龍潭は泰山をめぐる『赤鱗魚の魚姫』『黒龍潭の仙人草』といった民話にもとりあげられてきた）。池の東南には清朝末期に泰安知県毛蜀雲の建てた「西渓石亭」が立つ。

山東省

竹林寺 竹林寺 zhú lín sì チュウリィンスウ ［★☆☆］

道教聖地の泰山にあって普照寺とともに数少ない仏教寺院の竹林寺。創建年代はわからないが、唐代には存在し、荒廃と再興を繰り返して、元代、名僧法海によって重修された。明代、高麗僧の満空がこの地にいたり、竹林寺、普照寺といった泰山の仏教寺院を重建し、20年あまりこの地で住持をつとめたという。懸雲寺とも呼ばれ、あたりは竹の木が群生し、「山門」「天王殿」「大雄宝殿」が中軸線上に立つ。

▲左　中路にくらべて手つかずの自然が残されている西路。　▲右　天外村と中天門を結ぶバスが走る

香油湾に伝わる物語

昭君嶺の麓、雨が降ったあと浮かんだ花油（植物の油）がきらきら光る、小さな湾のような香油湾。中国語でごま油を意味する香油湾には、次のような物語が伝わっている。ひとりの油売りが泰山に入ったとき、香油湾の大きな柳の木の下でふたりの翁が碁を打っていて、碁が好きな油売りは翁からもらったなつめを食べた。それは甘くて不思議な味で、空腹を感じないようになり、ふたりの翁の碁を見続けた。ふたりの翁が碁を打ち終えたとき、気がつけば油売りの天秤棒と油桶は腐っていて、山麓の村に戻ってみると、村人は誰も知らな

山東省

い人ばかりになっていた。村の年寄りに話を聞くと、「何百年前も昔、油売りが泰山に入ったが帰ってこなかった」と言ったという。

無極廟 无极庙 wú jí miào ウウジイミィアオ ［★☆☆］
泰山山中、長寿橋の北西にたたずむ無極廟。中華民国時代の1925年、兗州鎮守使の張培栄が自分の夫人を無極真人に封じてここに廟を建てた。四合院の様式をもち、「正殿」には無極娘娘がまつられ、「東西拝殿」と「禅室」からなる。

扇子崖 扇子崖 shàn zǐ yá シャンツウヤア ［★☆☆］

扇子崖は、西渓の西にそびえる高さ 20m、幅 10m の切り立った峰。扇子のように見えることからその名前がとられ、またラクダ峰とも言う。明代の挙人の王舞欲がここで読書をしたといい、「元始天尊殿」「太陽廟」「呂祖祠」などが建てられた。麓の洞窟（玉皇洞）の天井 3 か所から空を見ることができ、三透天と呼ばれる。また扇子崖には天勝寨が残り、赤眉の乱軍の樊崇が駐屯した場所だと伝える（赤眉の乱は王莽の新に対する農民反乱で、柴と草で谷間を埋めて練兵場としたという）。

Guide,
Zhong Tian Men 〜 Nan Tian Men
中天門〜南天門鑑賞案内

中天門は山麓と岱頂のなかほどに立つ第2の天門
快活三里、雲歩橋、五大夫松などをへて
最後の難所の十八盤を過ぎると南天門にいたる

中天門 中天门
zhōng tiān mén チョンティエンメン ［★★☆］

泰山の中腹にそびえる黄峴峰に立つ中天門。標高847m（岱頂は1545m）で、山麓の紅門から3.8km、山頂の南天門まで2.7kmの距離に位置する。天外村から伸びる西路と、中路がここで交わり、あたりは広場となっている（天外村から14.35kmで、この中天門まで車道が走っている）。1983年に整備された全長2078mのロープウェイ（索道）がここから山頂へ伸びる。そばには財神廟の黒虎廟が立つ。

【地図】中天門～南天門

【地図】中天門～南天門の [★★★]
- ☐ 南天門 南天门ナァンティエンメン
- ☐ 岱頂 岱顶ダァイディン
- ☐ 碧霞祠 碧霞祠ビイシィアツウ

【地図】中天門～南天門の [★★☆]
- ☐ 中天門 中天门チョンティエンメン
- ☐ 十八盤 十八盘シイバアパァン
- ☐ 中路旅游区 中路旅游区チョンルウリュウヨウチュウ

【地図】中天門～南天門の [★☆☆]
- ☐ 快活三里 快活三里クゥアイフゥオサンリィン
- ☐ 雲歩橋 云步桥ユンブウチャオ
- ☐ 五大夫松 五大夫松ウウダアフウソォン
- ☐ 朝陽洞 朝阳洞チャオヤァンドォン
- ☐ 西路 西路シイルウ

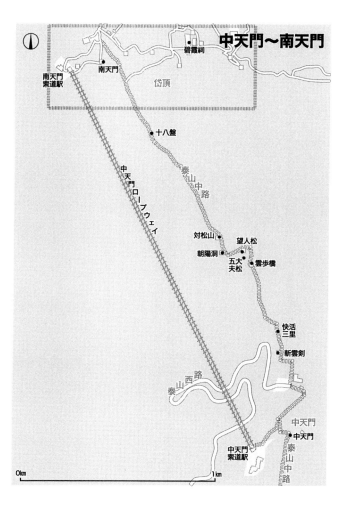

山東省

泰山挑夫とは

泰山山頂へ続く長い石階段を、ものを抱えながら登っていく荷物運びの泰山挑夫。その姿は秦漢時代からあったと考えられ、封禅の儀に使う用具や、山頂の天街で使う物資を山麓から山頂へ運んでいた。男の挑夫は50～60キロの荷物をかつぐと言われ、泰山挑夫が物資を運ぶ姿は泰山名物のひとつであった（泰山挑夫は、挑山工とも山駕籠人夫とも言った）。天外村から中天門にいたる車道と、中天門から南天門へのロープウェイが整備されたことで、泰山挑夫は役割を失っていった。

快活三里 快活三里
kuài huó sān lǐ クゥアイフゥオサンリィイ [★☆☆]

中天門の北側から雲歩橋までのあいだは、快活三里と呼ばれる。平らな山道が続き、心地よい三里という意味でつけられた（中天門直前の回馬嶺で地勢が高くなってから、快活三里でしばらく歩きやすい山道になる）。快活三里の入口あたりには、雲を切り裂くような鋭利な剣型をした石の「斬雲剣」が見られる。

山東省

雲歩橋 云步桥 **yún bù qiáo** ユンブウチャオ ［★☆☆］
泰山の山頂から流れる水を集めた瀑布がそばに位置し、そこから流れる渓流にかかる雲歩橋。宋の真宗がこの地の山の景色と流水の音に魅せられ、テントを張って休んだと伝えられる。かつてこの橋は木製で雪花橋と呼ばれていたが、中華民国時代に石橋となり、雲歩橋と名前を変えた。

▲左 中天門から南天門を結ぶロープウェイ。　▲右　もっとも険しいところでは傾斜70度とも言われる十八盤

五大夫松 五大夫松
wǔ dà fū sōng ウウダアフウソォン [★☆☆]

五大夫松は秦松とも言い、『史記』の記録にも残る秦の始皇帝ゆかりの松とされる。紀元前219年、封禅の儀を行なうため、始皇帝は泰山を登っていったが、途中で暴風雨にあい、この松の木で雨宿りをした。無事に封禅の儀を終えた始皇帝は、この松の功をたたえて五大夫の爵位をあたえた（20ある官位のうち、第9の爵位）。五大夫松近くの崖に高さ8mの巨大な松「望人松（迎客松）」が立つ。

山東省

朝陽洞 朝阳洞
zhāo yáng dòng チャオヤァンドォン [★☆☆]

家のような姿をもつ天然の洞窟の朝陽洞。なかには子授けの神さま碧霞元君がまつられている。またそばには御風岩があり、乾隆帝による朝陽洞詩の碑「万丈碑」が残る(高さ20m、幅9mで、一辺1mの文字が刻まれている)。朝陽洞を越えて進むと、松林が茂り、双峰が対峙する対松山(万松山)が位置し、乾隆帝はこのあたりの景色を泰山で一番素晴らしいとたたえた。

十八盤 十八盘 shí bā pán シイバアパァン ［★★☆］

中天門から南天門へいたる泰山登山にあって、最後の難所として知られる急階段の十八盤。「急十八」「緩十八」「急もなく緩もなくまた十八」という三段階からなる。十八盤の1㎞のあいだに、石段は1630段、落差は400mあり、もっとも険しいところでは傾斜70度にもなるという。十八盤を越えると「升仙坊」が立ち、いよいよ泰山山頂の南天門に着く。

Guide,
Dai Ding
岱頂鑑賞案内

南天門を過ぎるとそこは天界(岱頂)
巡礼者を迎える天街があり
中国皇帝が封禅を行なった玉皇頂へと道は続く

南天門 南天门 nán tiān mén ナァンティエンメン [★★★]
泰山山麓から続く石階段の最奥部に立ち、泰山山頂への入り口の役割を果たす南天門。一天門、中天門に続く天にいたる3番目の門で、三天門とも天門関とも呼ばれる。標高は1460mになり、現在の建物は1264年、岱廟の道士である張志純によって建てられた。東西9.7m、南北6.3m、高さ4.7mで、紅の壁、黄色の琉璃瓦のたたずまいをもち、南天門から先を「天府仙境」「天庭仙界(岱頂)」と言う(李白は、この地を訪れたとき「天門一長嘯、万裏清風来」と詠んでいる)。また中天門から伸びる岱頂に伸びるロープウェイは南天門そ

山東省

ばの望府山にいたり、ここから済南府の灯火が見えることからその名（望府山）がある。

岱頂 岱顶 dài dǐng ダァイディン ［★★★］

岱頂、太平頂、また玉皇頂、天柱峰などの名前で呼ばれ、歴代皇帝が封禅を行なう聖域の泰山の山頂。地上の支配者となった皇帝が、天に報告した場所であり、始皇帝（紀元前259〜前210年）による刻石も立っていた。かつての封禅台の跡地に玉皇廟（太清宮）が建てられるなど、泰山信仰の中心地として多くの巡礼者を集めてきた。泰山のご来光を拝む

▲左　天界にいたった巡礼者を迎える南天門。　▲右　ここは泰山の頂の街「天街」

「旭日東昇」、夕焼けを見る「晩霞夕照」、夏に大量の水蒸気が上昇すると雲が降下して、岱頂眼下に広がる「雲海玉盤」（泰山にかかる雲を岱雲とよび、天下に慈雨を降らすという）、晴れた夕暮れどき北西に黄河が一筋のベルトのように見える「黄河金帯」が岱頂四大奇観とされる。岱頂には、巡礼者を迎える山頂の街「天街」、子授けの神さまをまつる「碧霞祠」、唐の玄宗が刻んだ「唐磨崖」、泰山の最古の神をまつる「青帝宮」、諸神をたばねる玉皇をまつる「玉皇廟」、朝日の名所の「日観峰」（またそのちょうど反対側に「月観峰」がそびえる）などが位置する。漢代ごろから、ここ泰山の頂（岱頂）

【地図】岱頂

【地図】岱頂の [★★★]
- [ ] 南天門 南天门ナァンティエンメン
- [ ] 岱頂 岱顶ダァイディン
- [ ] 碧霞祠 碧霞祠ビイシィアツウ
- [ ] 玉皇頂 玉皇顶ユウフゥアンディン

【地図】岱頂の [★★☆]
- [ ] 唐摩崖 唐摩崖タァンモオヤア
- [ ] 日観峰 日观峰リイグゥアンフェン
- [ ] 十八盤 十八盘シイバアパァン

【地図】岱頂の [★☆☆]
- [ ] 天街 天街ティエンジエ
- [ ] 孔子廟 孔子庙コォンツウミィアオ
- [ ] 丈人峰 丈人峰チャンレンフェン
- [ ] 泰山奥区 泰山奥区タァイシャンアオチュウ
- [ ] 后石塢 后石坞ホォウシイウウ

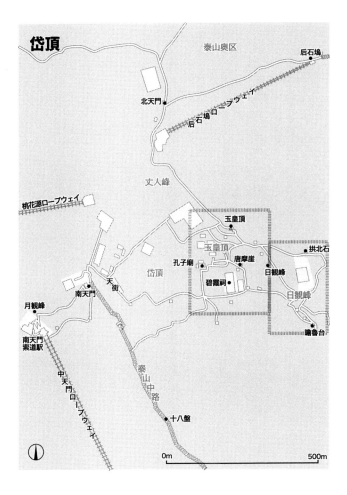

岱頂鑑賞案内

【地図】玉皇頂

【地図】玉皇頂の [★★★]
- [ ] 碧霞祠 碧霞祠ビイシィアツウ
- [ ] 玉皇頂 玉皇頂ユウフゥアンディン
- [ ] 岱頂 岱顶ダイディン

【地図】玉皇頂の [★★☆]
- [ ] 唐摩崖 唐摩崖タァンモオヤア

【地図】玉皇頂の [★☆☆]
- [ ] 無字碑 无字碑ウウズウベイ
- [ ] 天街 天街ティエンジエ
- [ ] 孔子廟 孔子庙コォンツウミィアオ

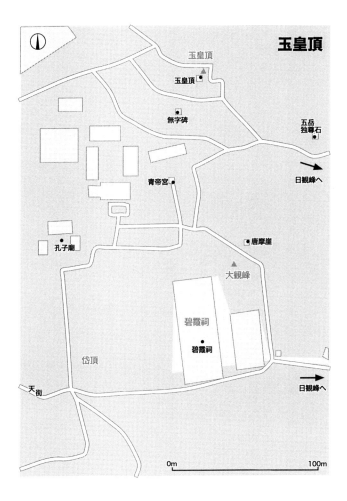

CHINA
山東省

には、予定寿命を記録した録名簿があると考えられていたが、泰山府君や玉皇大帝などへの信仰は、碧霞元君信仰に凌駕されるようになった（かつては岱頂に東岳廟もあった）。岱頂では山麓よりはるかに多い、年に120日程度、強風が吹き、木があまり成長せずむき出しとなった岩石が見られる。

天街 天街 tiān jiē ティエンジエ ［★☆☆］
南天門近くから600m続く岱頂の天街。5〜6世紀の南北朝時代から街があったことが確認され、山の民が茅屋の家を建て、参拝者に食事や茶を振る舞った（これらの茶屋、店舗は、

軒先に宝瓶や砧をつるして扱う商品を示したという)。明清時代、巡礼者が泰山に押し寄せるようになると、この天街も大いに栄えた。巡礼者は前日のうちに岱頂へ登って宿泊し、ここでご来光を拝んだ。

孔子廟 孔子庙 kǒng zǐ miào コォンツウミィアオ ［★☆☆］
明代の1595年、この地の官吏によって建てられた孔子廟（道教聖地の岱頂に、儒教の祖の廟がある）。孔子が弟子の顔回と泰山に登り、ここから南の呉を見たという故事にちなむ「望呉聖蹟坊」が立つ。廟内には孔子像はじめ、顔回、曾子、子

山東省

思、孟子ら儒教の聖人像が安置されている。孔子が「泰山の頂からは天下は小さく見える」(『孟子尽心上』)と述べたという逸話も広く知られる。

碧霞祠 碧霞祠 bì xiá cí ビイシィアツウ ［★★★］

泰山府君の娘とされる女神の碧霞元君（泰山娘娘）をまつる碧霞祠。1008年、封禅に臨んだ宋の真宗が、岱頂の玉女池で玉女像を「発見」したのをはじまりとする。当初、この女神をまつる廟は昭真祠、金代に昭真観と呼ばれ、国家祭祀の対象となった。明代に霊佑宮となり、子授けの神さまとして

▲左　碧霞元君は今や泰山の神さまの人気をしのぐ。　▲右　想いをこめて赤い紐を結ぶ

注目されると、碧霞元君への信仰が高まり、やがて本来の主である泰山府君の人気をしのぐようになった（元代までは泰山府君が主だったが、明清以降、碧霞元君こそ泰山の主だと考えられた）。廟の拡張工事が行なわれた清代の1770年に現在の名前となり、前後両院から構成される。山門に続く中庭では、想いを叶えるために赤い紐を結んでいく人びとの姿が見える。正殿は幅24.7m、奥行15.1m、高さ13.7mの規模で、碧霞元君銅像、左右に眼光女神と送子女神の銅像がまつられている。碧霞の「碧」は五行観念で東方を象徴する青色で、「霞」は朝焼けの色を指す（屋根はその色でふかれている）。

CHINA
山東省

碧霞元君の信仰

泰山府君（東岳大帝）の娘、また玉皇大帝の娘（もしくは妹）とされる碧霞元君。もともと泰山府君には人びとの生死を司る神格があり、東方は発生や新しく生まれることを意味した。こうした信仰が、碧霞元君の生命を育む「子授け」「出生」と重ねて見られるようになり、民間信仰として広まった。子授け、金儲け、出世、豊作、旅行の安全といった願いを叶えるため、多くの人びとが泰山の碧霞元君廟に詣でて、参詣者は賽銭、絹布、装飾品などの贈りものを柵のなかに投げ込んでいった（あまりの人の多さに参詣者が将棋倒しになってし

まうこともあったという)。とくに4月18日の碧霞元君の誕生日にはとりわけ多くの人が巡礼した。この碧霞元君信仰は、財と人を動かす江南から北京の大運河沿いに広まり、とくに北京西郊外の妙峰山をはじめとする華北で信仰されている。

泰山の主は誰

神仙を統べる玉皇大帝がすべての神仙を集めて、泰山で集会を開き、「誰が泰山の主となるか」を決めることにした。そうすると、「一番、早くから泰山にいた者を主にするべき」という意見があり、仙人の柴王が「(誰よりも早く)松の木

CHINA
山東省

の下に、木魚を埋めた」と名乗り出た。一方、碧霞元君も「刺繍の靴をその場所に埋めた」と手をあげて言った。実は、碧霞元君は柴王より後で泰山に来たが、木魚より深い場所に、刺繍の靴を埋めていた。松の木の下を掘り返してみると、碧霞元君が一番乗りしたことが確認され、碧霞元君が泰山の主であると、玉皇から認められた。こうした話は、碧霞元君信仰が高まる明代以降に創作された。またほかにも、同様の争いが碧霞元君（道教）とブッダ（仏教）のあいだでも見られる（仏教徒は泰山の北山麓に、山東の仏教布教拠点をおいた）。

▲左　唐摩崖、右の金箔の文字の部分が唐の玄宗によるもの。　▲右　明清時代には碧霞祠のそばに東岳廟も位置した

唐摩崖 唐摩崖 táng mó yá タァンモオヤア ［★★☆］

岱頂の大観峰、唐の玄宗(685〜762年)の筆による「紀泰山銘」が残る唐摩崖。玄宗は、開元の治（713〜741年）で唐の全盛時代を築き、晩年は楊貴妃におぼれて世を乱した。この「紀泰山銘」は、玄宗最盛期にあたる725年に行なわれた封禅にあわせて刻まれたもので、封禅までの経緯、意義、治世方針などが示された（張説らによって、玄宗の泰山封禅を願う上奏文がなされた）。摩崖石刻の東半分に、高さ13.3m、幅5.3mのなかに996文字、題の「紀泰山銘」と「御制御書」をあわせて1008文字が見える。優雅で力強いこの隷書体は、

山東省

泰山にある石刻のなかでももっとも優れたものにあげられる（1949年の新中国成立後、金箔が貼られた）。「紀泰山銘」の西側には、清朝康熙帝による「雲峰」、下には乾隆帝の「夜宿岱頂詩」が残り、さまざまな書が刻まれている。

玉皇頂 玉皇顶 yù huáng dǐng ユウフゥアンディン［★★★］
標高1545m、泰山の最高地点にあたり、太平頂、天柱峰（「天を支える柱」）、東岳などとも呼ばれる玉皇頂。始皇帝はじめ、歴代皇帝が封禅台をしつらえ、封禅を行なってきた聖域で、この場所には太清宮が立っていたが、やがて玉皇廟が建てら

れた(そのとき以来、この峰は玉皇頂と呼ばれるようになった)。中央の石欄干で囲んだなかに標高 1545m を示す「極頂石」、庭の一隅に「古登封台」碑が位置する。明の隆慶年間(1567〜72 年)、泰山の頂上を覆い隠しているとして、玉皇廟は後方に移築され、現在の建物は明代の様式をもつ。玉皇大帝をまつる「玉皇殿」、旭日東昇が見られる「迎旭亭」、晩霞夕照、雲海玉盤、黄河金帯を望むことができる「望河亭」からなる(後者ふたつで岱頂四大奇観が望める)。

山東省

玉皇大帝とは

玉皇(元始天尊)の名前は、六朝時代から見え、唐代以後、道教の最高神となった。最高神として、仙官を任命する大権をもつと考えられ、地上で官僚を任命する皇帝と重ねあわせて見られるようになった(諸神を統べる玉皇、諸官を統率する皇帝)。こうした玉皇大帝の信仰は、北宋の真宗(968～1022年)のときに確立したとされる。

▲左　標高 1545m、泰山の最高地点にあたる玉皇頂。　▲右　こちらは美しい日の出が見られる日観峰

無字碑 无字碑 wú zì bēi ウウズウベイ ［★☆☆］

無字碑は玉皇山頂の下に残る、高さ 6 m、幅 1.2m、厚さ 0.9m の石碑。文字が記されていないことから無字碑と呼ばれ、文字がないため、いつ建てられたのか、なぜ建てられたのかがはっきりとしない。秦の始皇帝によるものとも、漢の武帝によるものとも言われる（紀元前 219 年の始皇帝の封禅のときのものとされる一方、顧炎武は漢の武帝が建てたとする）。無字碑の南側には、清朝末期の 1907 年に泰安知府宗室玉構が建てた「五岳独尊石」が見える。

【地図】日観峰

【地図】日観峰の [★★☆]
- 日観峰 日观峰 リイグゥアンフェン

CHINA
山東省

日観峰

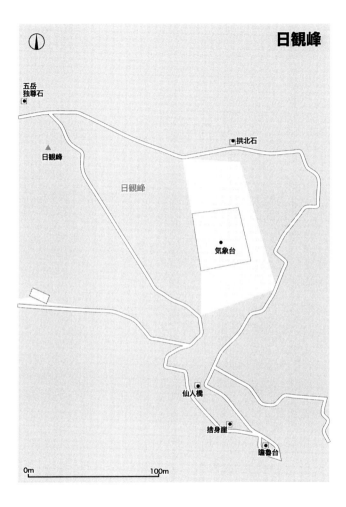

山東省

日観峰 日观峰 rì guān fēng リイグゥアンフェン [★★☆]

玉皇頂の東側にそびえ、気象台が立つ日観峰。山頂から日の出をみる絶好の場所で、斜めに岩石がつきだす長さ6.5mの「拱北石（探海石）」、自然の3つの巨石ができた「仙人橋」、絶壁に臨みここから身を投げるものが多かった「捨身崖」（明代に愛身崖と変更された）、南の魯国の曲阜を望む「瞻魯台」（泰山は春秋戦国時代の魯国と斉国を南北にわけ、ここがちょうどその境界にあたった）が位置する。唐宋時代の封禅はこちらの日観峰で行なわれていたという。

丈人峰 丈人峰 zhàng rén fēng チャンレンフェン［★☆☆］

岱頂北西には老人（丈人）が背をかがめるように立つ丈人峰が位置する。唐の玄宗に封禅を命じられた張説が、娘婿にそれを担当させたことで娘婿が出世した。玄宗がそのことについて問うと、そばの者が「それは泰山（妻の父、丈人）の力なり」と答えた。以来、この峰は丈人峰と呼ばれるようになったという。

地殻変動で生まれた泰山

岱頂の岩石（花崗岩）は、28億年前の始生代の地殻変動で

CHINA
山東省

生成され、3000万年前の新生代中期に海のなかから隆起して形成された。ちょうど山東半島の根本部分にそびえ、最高峰の玉皇頂（天柱峰）を中心に面積426平方キロに渡って広がる（泰山山脈の支脈は、北は済南、長清、西は肥城にいたる）。周囲には、徂徠山（標高1027m）、梁山、尼山、魯山などが位置し、泰山はそれら山地のなかでもっとも高い。また西に中国文明揺籃の地「黄河」、東に春秋戦国の斉の都「臨淄」、南に儒教の生まれた魯の都「曲阜」が位置し、泰山は古代中国世界の中心地だった。

Guide, Tai Shan Ao Qu
泰山北麓鑑賞案内

泰山の北斜面は奥区や后山と呼ばれるエリア
南斜面にくらべて静寂に包まれ
泰山の北郊外は済南の行政区となる

泰山奥区 泰山奥区
tài shān ào qū タァイシャンアオチュウ ［★☆☆］

岱頂の北側から北山麓にいたるエリアは、泰山奥区や泰山后山、また岱陰（太陽のあたる南が陽で、北が陰）と呼ばれる。紀元前219年に始皇帝が封禅を行なったあと、この泰山奥区の山陰の道を下っていった。岱頂そばに北天門が立ち、そこから北側は幽玄な自然、古松や峰、滝などに包まれ、「后石塢」「天燭峰」「玉泉寺」などが位置する。また行政区分では済南に入る霊厳寺や斉長城は、伝統的に泰山と同じくくり（泰山の一部）で語られることが多い。

后石坞 后石坞 hòu shí wù ホォウシイウウ ［★☆☆］

岱頂の北側（北斜面）に位置し、泰山の后花園とも言える后石塢（后石屋）。岱頂から后石塢までは直線距離は1.5kmほどだが、山道のため実際の距離は長くなる。頂部から谷底までさまざまな景勝地が残る后石塢は「岱陰第一洞天福地」と呼ばれ、古い松が集まっている「九龍崗」、仙女の姉妹が遊ぶように立つ「姉妹松」、堯が泰山を東岳に封じたという「堯観頂」、碧霞元君をまつる「元君廟」などが位置する。

【地図】泰山奥区

【地図】泰山奥区の [★★★]
- ☐ 南天門 南天门ナァンティエンメン
- ☐ 岱頂 岱顶ダァイディン
- ☐ 玉皇頂 玉皇顶ユウフゥアンディン

【地図】泰山奥区の [★☆☆]
- ☐ 泰山奥区 泰山奥区タイシャンアオチュウ
- ☐ 后石塢 后石坞ホォウシイウウ
- ☐ 碧霞元君廟 碧霞元君庙 ビイシィアユゥエンジュンミィアオ
- ☐ 天燭峰 天烛峰ティエンチュウフェン
- ☐ 桃花源 桃花源タァオフゥアユゥエン
- ☐ 玉泉寺 玉泉寺ユウチュアンスウ
- ☐ 周明堂遺跡 周明堂遗址チョウミィンタァンイイチイ

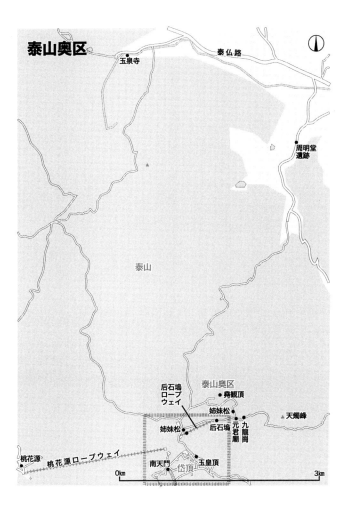

山東省

碧霞元君廟 碧霞元君庙 bì xiá yuán jūn miào
ビイシィアユゥエンジュンミィアオ［★☆☆］

奥区に位置する、泰山の主（女神）の碧霞元君をまつる廟（娘娘廟）。明代の 1572 年に皇族の朱睦建が建立して昊天上帝像をまつったのがはじまりで、その後、1591 年に聖母寝宮楼に碧霞元君像が安置された。山門、正殿、配殿、呂祖洞からなり、その背後にある黄花洞は、玉女が修練する場所だという（元君廟の北には天空山があり、その古名を玉女山といった）。仏教と道教が混淆し、明清時代にはここから読経の声が響いていたという。

▲左　幽玄で変化に富んだ地形が見られる。　▲右　岱頂から放射状に広がる中天門、后石塢、桃花源という３つのロープウェイ

天燭峰 天烛峰 tiān zhú fēng ティエンチュウフェン[★☆☆]

岱頂の東北側に立つ天燭峰。燭（ともしび）のようにそびえる峰という意味をもつ。天燭峰の頂部に天を照らす炎に見立てられる松が立つ。天燭峰景勝坊が立ち、この天燭峰から岱頂にいたる道は天燭峪で通じている。

桃花源 桃花源 táo huā yuán タァオフゥアユゥエン[★☆☆]

泰山西麓、渓流が流れて桃の花が咲く桃花峪。このあたりは山水や景観の美しさ、空気の清新さで知られ、桃花源と呼ばれる（桃花峪には泰山赤鱗魚が生息する）。ここから岱頂の

山東省

西大門とのあいだにロープウェイが通じている。

玉泉寺 玉泉寺 yù quán sì ユウチュゥアンスウ ［★☆☆］
北魏時代に創建をさかのぼる古刹の玉泉寺（谷山寺）。金元時代に増改築され、明清時代は大いに栄えたという。現在の大雄宝殿は1993年に再建されたもので、殿内には釈迦牟尼像と十八羅漢像がまつってある。大津口郷に位置し、このあたりで済南や淄博から巡礼に訪れた者は休んで食事をとり、休憩した。3本の大きな銀杏の樹が残る。

周明堂遺跡 周明堂遗址 zhōu míng táng yí zhǐ
チョウミィンタァンイイチイ ［★☆☆］

泰山北東に残る古代の帝王が政治、儀礼、祭祀などを行なった周明堂遺跡。周の時代、天子が東方へ、巡狩したときに、祭祀をとり行なった場所で、孟子の記述にも見られる。東西80ｍ、南北60ｍの規模で、周滅亡後、この建物は荒れ、やがて前漢の武帝が泰山に漢明堂を建てた。

Guide,
Tai Shan Jiao Qu
泰山郊外
城市案内

のちの龍山文化へ続く大汶口遺跡
泰山花様年華や太陽部落旅游景区などの
テーマパークが位置する泰山郊外

漢明堂遺跡 汉明堂遗址
hàn míng táng yí zhǐ ハァンミィンタァンイイチイ［★☆☆］
明堂とは古代中国の帝王が政治、儀礼、祭祀を行なった宮殿跡で、朝廷、宗廟、圜丘などの性格を兼ね備えていたという（その形態には諸説あり、必ずしも一定していない）。泰山のそばには周の明堂があったが、紀元前109年、漢の武帝によって新たに漢明堂（謝過城）が建てられた。ここから漢代の瓦や陶器の破片が出土し、現在の建物は新たに再建されたものとなっている。この地は紀元前500年、魯の定公と斉の景公が会盟を行なった場所でもある。

【地図】泰山郊外

【地図】泰山郊外の ［★★★］
- ☐ 岱廟 岱庙ダイミィアオ
- ☐ 岱頂 岱顶ダイディン

【地図】泰山郊外の ［★★☆］
- ☐ 泰安 泰安タァイアァン
- ☐ 紅門宮 红门宮ホォンメンゴォン
- ☐ 中天門 中天门チョンティエンメン

【地図】泰山郊外の ［★☆☆］
- ☐ 漢明堂遺跡 汉明堂遗址ハァンミィンタァンイイチイ
- ☐ 泰山花様年華 泰山花样年华 タァイシャンフゥアヤァンニィエンフゥア
- ☐ 古博城遺跡 古博城遗址グゥボオチャンイイチイ
- ☐ 大汶口遺跡 大汶口遗址ダアウェンコォウイイチイ
- ☐ 太陽部落旅游景区 太阳部落旅游景区 タァイヤァンブゥルゥオリュウヨウジィンチュウ
- ☐ 徂徠山 徂徕山ツゥライシャン
- ☐ 泰山駅 泰山站タァイシャンヂァン

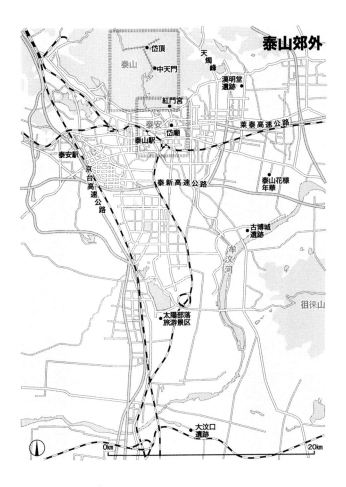

山東省

泰山花様年華 泰山花样年华 **tài shān huā yàng nián huá**
タァイシャンフゥアヤァンニィエンフゥア［★☆☆］
泰山花様年華は、水的世界、花的海洋を掲げるテーマパーク。植物に彩られ、「未来田園」「熱帯風情」「夢幻花都」「天合楽園」「歓楽劇場」などの景区からなる。

古博城遺跡 古博城遗址 **gǔ bó chéng yí zhǐ グウボオチャンイイチイ**［★☆☆］
牟汶河にのぞむように、邱家店鎮の旧県村北に位置する古博城遺跡。北宋時代に今の泰安旧城（岱岳鎮）に遷されるまで、ここに泰山地域の行政機能がおかれていた。春秋戦国時代は

▲左 泰安のバスターミナル、ここから各地へのバスが出ている。 ▲右 泰安の街は西へ西へ広がっていった

斉国の博邑という名前で、その後、博陽、博平などと呼ばれた。東西2000m、南北1250mの古博城遺跡からは、春秋戦国時代の陶器、瓦当、漢代の陶片などが出土している。

大汶口遺跡 大汶口遺址
dà wèn kǒu yí zhǐ ダアウェンコォウイイチイ [★☆☆]

1959年、津浦鉄道復線を敷設するときに発見された大汶口遺跡。大汶河両岸に展開する新石器時代の遺跡で、山東省、江蘇省北部、河南省では、北辛文化、大汶口文化、龍山文化と新石器時代が続いた。大汶口遺跡は紀元前4000～前

CHINA
山東省

2000年ごろの大汶口文化のうち、中・晩期（紀元前3500〜前2500年ごろ）に相当し、ここでは粟、稲、豆類が栽培されていた（東夷の先祖が住み、南の江南から淮河と共通する部分があった）。豚、犬、牛、羊、ニワトリなどの家畜の墓、1000点あまりの石器、陶器などが発見され、発達した黒陶、白陶、また酒器が特筆される。大汶口文化では夫婦単位の家族が成立し、父権が確立されていた。また大型集落の出現も見られ、大小複数の遺跡がまとまって集まっていた（大汶口古国）。大汶口文化の領域や陶磁器は次の龍山文化に受け継がれ、やがてそれは殷にも影響を与えた。

太陽部落旅游景区 太阳部落旅游景区
tài yáng bù luò lǚ yóu jǐng qū
タァイヤァンブウルゥオリュウヨウジィンチュウ［★☆☆］

泰安の南18㎞に位置する大汶口文化をモチーフにしたテーマパークの太陽部落旅游景区。大汶口文化時代の古代世界をテーマとした「時光穿越（タイムトラベル）」、陶芸体験区や大汶口古村からなる「夢回大汶口（大汶口の夢）」、女媧や盤古などの古代神話をテーマとした「洪荒探秘」、アトラクションが集まる「洪荒歴険」のほか、「情定大汶口」「金烏古鎮」などが位置する。

山東省

徂徠山 徂徠山 cú lái shān ツウラァイシャン ［★☆☆］

東西30㎞、南北15㎞の規模で広がり、国家森林公園として整備されている徂徠山。泰山の姉妹山と言われ、太平頂は標高1028m、また山東省有数の森林地帯となっている。春秋時代、呉王が斉の征伐にあたって設けた軍営「中軍帳」、李白がここで隠居したと伝えられる「六逸堂」、後魏の創建で、山東においては霊巌寺とならび称された「光化禅寺」のほか、「抗日武装蜂起記念碑」が立つ。泰安の南東20㎞に位置する。

Guide,
Tai An Shi Jiao Qu
泰安市郊外
城市案内

CHINA
山東省

山東省南西部に位置する泰安市
范蠡ゆかりの陶山、唐末の節度使時代と金元代に
この地方の中心だった東平県などが位置する

范蠡が晩年を過ごした陶山

泰安西部に位置する陶山は、春秋戦国時代、呉越の戦いを勝利に導いた范蠡が晩年を過ごした土地として知られる。范蠡は越王勾践のもと、紀元前473年に呉王夫差を破って会稽の恥をそそぎ、越王勾践を五覇のひとりへ押しあげた。やがて斉（山東地方）へ移住して斉の宰相となり、のちに交通の要衝である陶（陶山）に遷って陶朱公と称し、巨万の富を得たと伝えられる（富は貧者にわけあたえたという）。范蠡が隠居した「幽栖寺遺跡」、「范蠡墓（肥城とは別の定陶説もある）」はじめ、范蠡と西施ゆかりの景勝地が残る。

東平県 东平县 dōng píng xiàn ドォンピンシィエン[★☆☆]
京杭大運河に近い山東省西部の東平は、この省を代表する交通の要地として知られてきた。とくにモンゴルの元（1260〜1368年）代は、東平路がおかれ、山東省の西半分を統治する行政府となった（この時代、最高の繁栄を見せ、マルコ・ポーロも東平を訪れている）。宋代以来のもので1000年に建てられた「東平古城（十里宋城）」、三国志演義の羅貫中の故郷であることを記念した「羅貫中紀念館」、578年に建てられた阿彌陀仏が残る「白仏山景区」などが位置する。また黄河がつくり出した「東平湖」は、梁山泊の遺物だという。

【地図】泰安市郊外

【地図】泰安市郊外の [★★☆]
- [ ] 泰安 泰安タァイアァン

【地図】泰安市郊外の [★☆☆]
- [ ] 東平県 东平县ドォンピンシィエン
- [ ] 徂徠山 徂徠山ツウラァイシャン
- [ ] 泰山駅 泰山站タァイシャンヂァン

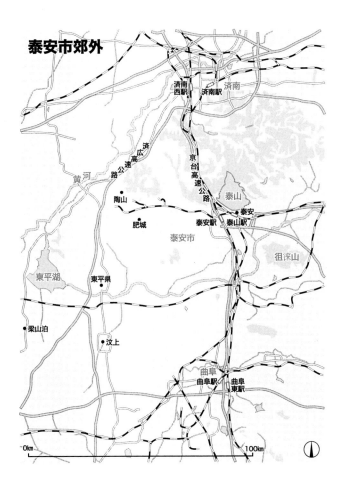

泰安市郊外

Taishan

泰安市郊外城市案内

泰山
こぼれ
ばなし

泰山を詠んだ文学、泰山石敢当など
天下屈指の名山である泰山をめぐる
エトセトラは枚挙にいとまがない

泰山と日本

唐代の665年、日本の遣唐使が泰山を訪れ、666年に行なわれた高宗の封禅の儀に参加したという。また遣唐使は725年の玄宗の封禅にも参列したという記録が残っている。泰山府君の信仰は日本にももたらされていて、円仁が比叡山麓に勧請した赤山明神は泰山府君だという。泰山府君は、日本の陰陽道と結びつき、日本の貴族社会に大きな影響を与えた(生死を司る泰山の神格が、霊魂を自在に操る安倍晴明の陰陽道にとり入れられた)。またスサノオノミコトとも結びつくなど独自の展開を見せ、918年に泰山府君祭が行なわれている。

CHINA
山東省

泰山石敢当とは

泰山石敢当は、街の曲がり角や道路の突きあたり、家の壁におく厄除けの石のことで、唐代から見られるようになったという（「泰山の石は立ち向かう」といった意味）。霊石信仰と道教信仰があわさったもので、それが人格化され、妖怪や悪霊が石敢当を恐れると信じられた。発祥地は福建省南部とされ、そこから泰山にも伝播し、「聖なる泰山では一草一木、一石一土に神仙が宿る」という信仰から泰山石敢当の効力が信じられるようになった（泰山の石だけが使われているわけではなかった）。泰山石敢当は清代に盛んになり、日本にも

伝わっていて、とくに中国から直接、伝わった沖縄では広く見られた。

泰山と仏教

漢代に仏教が伝わると、仏教の地獄と、類似する考えのあった泰山が同一視され、仏教側が泰山を地獄に見立てて、わかりやすいように説明した。仏図澄（〜348年）の死後、その弟子たちは仏教の布教のため各地に赴き、山東地方では竺僧朗が儒教（曲阜）、道教（泰山）の聖地があるこの地での布教を試みた。351年、あえて道教聖地の近くを選んで、泰山

CHINA
山東省

北麓に最初の精舎(朗公寺、のちの神通寺)を建て、教団を整備した。竺僧郎が拠点を構えた金輿谷は、虎の出没する危険地帯だったが、竺僧郎が住んで以来、虎は人に危害を加えず、夜でも安全になったことから、人びとはこの谷を「朗公谷」と呼ぶようになった。また近くの山を切り開いて霊厳寺の建設をはじめ、霊が宿り、説法を聞く者1000人あまりの名刹となり、宋代以後は、天台国清寺、荊州玉泉寺、南京棲霞寺とならんで「天下四絶」と言われた。泰山北側の仏教の四門塔景区や霊厳寺は、現在の行政区分では済南に入るが、歴史的には泰山の一部と見られている。

▲左　封禅を行なうため皇帝は山麓から山頂へ向かった。　▲右　「泰山に登れば、なんと天下は小さいのだろう」と孔子は述べた

泰山と文学

天下の名山泰山に遊んだ文人は多く、孔子は「泰山の頂からは天下は小さく見える」という言葉を残している。また唐代、若かりし杜甫は山東地方を遍歴し、『望嶽(「会当凌絶頂」の句で有名)』のなかで「神秀の気をあつめたる霊山」「山南と山北で夜と昼がわかれるほど」と詠んでいる。また同時代人の李白は『遊太山六首(「天門一長嘯」の句で有名)』のなかで、725年に唐の玄宗が封禅を行なったこともあって、「天子が登るために開かれた道の敷石は平坦である」と記している。宋代の『水滸伝』の「燕青智をもって擎天柱を撲つ」には、

山東省

3月28日の泰山天斉聖帝の誕生日にあわせて行なわれる奉納相撲試合の様子が描かれている。梁山泊から、行商人の格好をして泰安に向かった燕青は、岱廟の参詣客の前で2年間敵なしの大男擎天柱から勝利する。

Taishan

泰山こぼればなし

参考文献

『中华泰山・天下泰安』（程明主編 / 山东友谊出版社）

『中国の泰山』（澤田瑞穂・窪徳忠 / 講談社）

『山東の史蹟と史談』（馬場春吉 / 山東文化研究会）

『泰安泰山』（泰安市観光局編、サイキ東・金花翻訳 / 泰安市観光局）

『中国泰山の＜反復的空間＞及び＜生成の空間＞』（周典・宇杉和夫 / 学術講演梗概集）

『地獄変 中国の冥界説』（澤田瑞穂著 / 平河出版社）

『世界遺産めぐり (3) 自然と文化溶け合う天下の名山 山東省・泰山』（馮進 / 人民中国）

『泰山娘娘の登場 -- 碧霞元君信仰の源流と明代における展開』（石野一晴 / 史林）

『前漢武帝期の泰山明堂建設に關する一考察』（永井弥人 / 東洋の思想と宗教）

『17世紀における泰山禮と香社・香會』（石野一晴 / 東方學報）

『奈河と三途の川』（小野寺郷 / 研究所報）

『泰山神話と女神碧霞元君』（陶陽、衛藤和子訳 / 日本口承文芸学会）

『中国名勝旧跡事典』（中国国家文物事業管理局編・鈴木博・村松伸 / ぺりかん社）

『水滸伝』（清水茂／岩波書店）

泰安市人民政府门户网站 http://www.taian.gov.cn/

中国泰山风景名胜区官方网站 www.mount-tai.com.cn/

泰安市博物館 http://www.daimiao.cn/

『世界大百科事典』（平凡社）

まちごとパブリッシングの旅行ガイド
Machigoto INDIA , Machigoto ASIA , Machigoto CHINA

【北インド - まちごとインド】

001 はじめての北インド
002 はじめてのデリー
003 オールド・デリー
004 ニュー・デリー
005 南デリー
012 アーグラ
013 ファテープル・シークリー
014 バラナシ
015 サールナート
022 カージュラホ
032 アムリトサル

【西インド - まちごとインド】

001 はじめてのラジャスタン
002 ジャイプル
003 ジョードプル
004 ジャイサルメール
005 ウダイプル
006 アジメール（プシュカル）
007 ビカネール
008 シェカワティ
011 はじめてのマハラシュトラ
012 ムンバイ
013 プネー
014 アウランガバード
015 エローラ
016 アジャンタ
021 はじめてのグジャラート
022 アーメダバード
023 ヴァドダラー（チャンパネール）
024 ブジ（カッチ地方）

【東インド - まちごとインド】

002 コルカタ
012 ブッダガヤ

【南インド - まちごとインド】

001 はじめてのタミルナードゥ
002 チェンナイ
003 カーンチプラム
004 マハーバリプラム
005 タンジャヴール
006 クンバコナムとカーヴェリー・デルタ
007 ティルチラパッリ
008 マドゥライ
009 ラーメシュワラム
010 カニャークマリ
021 はじめてのケーララ
022 ティルヴァナンタプラム
023 バックウォーター（コッラム〜アラップーザ）
024 コーチ（コーチン）
025 トリシュール

【ネパール - まちごとアジア】

001 はじめてのカトマンズ
002 カトマンズ
003 スワヤンブナート

004 パタン
005 バクタプル
006 ポカラ
007 ルンビニ
008 チトワン国立公園

【バングラデシュ - まちごとアジア】

001 はじめてのバングラデシュ
002 ダッカ
003 バゲルハット（クルナ）
004 シュンドルボン
005 プティア
006 モハスタン（ボグラ）
007 パハルプール

【パキスタン - まちごとアジア】

002 フンザ
003 ギルギット（KKH）
004 ラホール
005 ハラッパ
006 ムルタン

【イラン - まちごとアジア】

001 はじめてのイラン
002 テヘラン
003 イスファハン
004 シーラーズ
005 ペルセポリス
006 パサルガダエ（ナグシェ・ロスタム）
007 ヤズド
008 チョガ・ザンビル（アフヴァーズ）
009 タブリーズ
010 アルダビール

【北京 - まちごとチャイナ】

001 はじめての北京
002 故宮（天安門広場）
003 胡同と旧皇城
004 天壇と旧崇文区
005 瑠璃廠と旧宣武区
006 王府井と市街東部
007 北京動物園と市街西部
008 頤和園と西山
009 盧溝橋と周口店
010 万里の長城と明十三陵

【天津 - まちごとチャイナ】

001 はじめての天津
002 天津市街
003 浜海新区と市街南部
004 薊県と清東陵

【上海 - まちごとチャイナ】

001 はじめての上海
002 浦東新区
003 外灘と南京東路
004 淮海路と市街西部
005 虹口と市街北部
006 上海郊外（龍華・七宝・松江・嘉定）
007 水郷地帯（朱家角・周荘・同里・甪直）

【河北省 - まちごとチャイナ】

001 はじめての河北省
002 石家荘
003 秦皇島
004 承徳
005 張家口
006 保定
007 邯鄲

【山東省 - まちごとチャイナ】

001 はじめての山東省
002 はじめての青島
003 青島市街
004 青島郊外と開発区
005 煙台
006 臨淄
007 済南
008 泰山
009 曲阜

【江蘇省 - まちごとチャイナ】

001 はじめての江蘇省
002 はじめての蘇州
003 蘇州旧城
004 蘇州郊外と開発区
005 無錫
006 揚州
007 鎮江
008 はじめての南京
009 南京旧城
010 南京紫金山と下関
011 雨花台と南京郊外・開発区
012 徐州

【浙江省 - まちごとチャイナ】

001 はじめての浙江省
002 はじめての杭州
003 西湖と山林杭州
004 杭州旧城と開発区
005 紹興
006 はじめての寧波
007 寧波旧城
008 寧波郊外と開発区
009 普陀山
010 天台山
011 温州

【福建省 - まちごとチャイナ】

001 はじめての福建省
002 はじめての福州
003 福州旧城
004 福州郊外と開発区
005 武夷山
006 泉州
007 厦門
008 客家土楼

【広東省 - まちごとチャイナ】

001 はじめての広東省
002 はじめての広州
003 広州古城
004 天河と広州郊外
005 深圳(深セン)
006 東莞
007 開平(江門)
008 韶関
009 はじめての潮汕

010 潮州
011 汕頭

【遼寧省 - まちごとチャイナ】

001 はじめての遼寧省
002 はじめての大連
003 大連市街
004 旅順
005 金州新区
006 はじめての瀋陽
007 瀋陽故宮と旧市街
008 瀋陽駅と市街地
009 北陵と瀋陽郊外
010 撫順

【重慶 - まちごとチャイナ】

001 はじめての重慶
002 重慶市街
003 三峡下り（重慶〜宜昌）
004 大足

【香港 - まちごとチャイナ】

001 はじめての香港
002 中環と香港島北岸
003 上環と香港島南岸
004 尖沙咀と九龍市街
005 九龍城と九龍郊外
006 新界
007 ランタオ島と島嶼部

【マカオ - まちごとチャイナ】

001 はじめてのマカオ
002 セナド広場とマカオ中心部
003 媽閣廟とマカオ半島南部
004 東望洋山とマカオ半島北部
005 新口岸とタイパ・コロアン

【Juo-Mujin（電子書籍のみ）】

Juo-Mujin 香港縦横無尽
Juo-Mujin 北京縦横無尽
Juo-Mujin 上海縦横無尽
見せよう！デリーでヒンディー語
見せよう！タージマハルでヒンディー語
見せよう！砂漠のラジャスタンでヒンディー語

【自力旅游中国 Tabisuru CHINA】

001 バスに揺られて「自力で長城」
002 バスに揺られて「自力で石家荘」
003 バスに揺られて「自力で承徳」
004 船に揺られて「自力で普陀山」
005 バスに揺られて「自力で天台山」
006 バスに揺られて「自力で秦皇島」
007 バスに揺られて「自力で張家口」
008 バスに揺られて「自力で邯鄲」
009 バスに揺られて「自力で保定」
010 バスに揺られて「自力で清東陵」
011 バスに揺られて「自力で潮州」
012 バスに揺られて「自力で汕頭」
013 バスに揺られて「自力で温州」
014 バスに揺られて「自力で福州」
015 メトロに揺られて「自力で深圳」

【車輪はつばさ】
南インドのアイラヴァテシュワラ寺院には建築本体に車輪がついていて寺院に乗った神さまが人びとの想いを運ぶと言います。

・本書はオンデマンド印刷で作成されています。
・本書の内容に関するご意見、お問い合わせは、発行元の
　まちごとパブリッシング info@machigotopub.com までお願いします。

まちごとチャイナ
山東省008泰山
～天地交わる「至高の聖山」[モノクロノートブック版]

2018年 7月30日　発行

著　者	「アジア城市（まち）案内」制作委員会
発行者	赤松　耕次
発行所	まちごとパブリッシング株式会社 〒181-0013　東京都三鷹市下連雀4-4-36 URL http://www.machigotopub.com/
発売元	株式会社デジタルパブリッシングサービス 〒162-0812　東京都新宿区西五軒町11-13 清水ビル3F
印刷・製本	株式会社デジタルパブリッシングサービス URL http://www.d-pub.co.jp/

MP196

ISBN978-4-86143-330-6 C0326　　　Printed in Japan
本書の無断複製複写 (コピー) は、著作権法上での例外を除き、禁じられています。